AMHOS!B

Hoffwn gyflwyno'r llyfr hwn
i'm hannwyl ferch, Manon

AMHOS!B

D.Geraint Lewis

Argraffiad cyntaf: 2018

© Hawlfraint D. Geraint Lewis a'r Lolfa Cyf., 2018

Cynllun y clawr: Sion Ilar

Rhif Llyfr Rhyngwladol: 978 1 78461 570 3

Dymuna'r cyhoeddwyr gydnabod cymorth ariannol Cyngor Llyfrau Cymru

Cyhoeddwyd ac argraffwyd yng Nghymru ar bapur o goedwigoedd cynaliadwy gan
Y Lolfa Cyf., Talybont, Ceredigion SY24 5HE
e-bost ylolfa@ylolfa.com
gwefan www.ylolfa.com
ffôn 01970 832 304
ffacs 01970 832 782

Y dyn a lifiodd ei wraig yn ddwy – ar lwyfan

A holltwyd y wraig yn ddwy?
Wrth gwrs iddi gael ei hollti'n ddwy.
Oni holltir pob un ohonom
wrth ymgolli yn y gwahaniaeth rhwng
yr hyn sydd a'r hyn sy'n ymddangos
fel yr hyn sydd?

– Dafydd Rowlands

Rhagair

Man cychwyn y casgliad hwn oedd cais gan ysgol uwchradd am ddeunydd addas ar gyfer ei gwasanaethau boreol. Wrth chwilio am ddeunydd a fyddai'n ysgogi 'munud i feddwl' deuthum ar draws yr hyn a elwir yn ddeunydd 'gwrth-reddfol' *(counter-intuitive)*, h.y. gwybodaeth oedd yn groes i bopeth yr oeddwn yn ei gymryd yn ganiataol ar y pryd.

Brithir y testun â dyfyniadau wedi'u casglu o waith doethion yr hen fyd, gwyddonwyr modern, a beirdd Cymraeg, sy'n ymgorffori'r wybodaeth yma gan gyrraedd ei benllanw syniadol yn y dyfyniad o'r *New Scientist* a geir yn y Rhagymadrodd.

Rwy'n dra diolchgar i ddau gyfaill a fu'n fy herio ar hyd y ffordd. Un ohonynt oedd Wynford Jones, hen gyfaill o ddyddiau ysgol gynradd a brodor fel finnau o'r cymoedd glo. Cyfaill newydd o Awstralia yw'r llall, y Tad Stephen Edwards sydd wedi fy ngwarchod rhag fy eithafion gwaethaf ac er na fyddai'n cytuno â llawer o'r hyn a geir yma, ef a osododd y sylfaen i rai o'r pethau rwy'n eu hystyried y mwyaf gwerthfawr yn y gyfrol.

Rwy'n ddiolchgar i Dylan Williams am ei sylwadau ar fersiwn cynnar o'r llyfr, ond yr olaf imi ei chydnabod, a hynny gyda balchder tad, yw Manon fy merch, am y trafodaethau dwys a gawsom cyn imi osod y meddyliau hyn ar bapur yn y ffurf hon.

Profiad hyfryd oedd gweithio gyda gwasg y Lolfa am y

tro cyntaf a diolch iddynt am bob ymgeledd golygyddol a'u hargraffu tra chymen. Fy eiddo i yw unrhyw wall neu gamsyniad a erys.

D. Geraint Lewis
Llangwrddon, Hydref 2018

Rhagymadrodd

Mae popeth rwyt ti'n ei feddwl – yn anghywir!

Dyma linell a'm trawodd wrth ddarllen erthygl yng nghylchgrawn parchus *The New Scientist* (Mai 14, 2011, t. 35). Erthygl ydyw sy'n amlinellu oblygiadau rhai darganfyddiadau gwyddonol cyfoes am ein hymwybyddiaeth ohonom ein hunain ac am y byd o'n cwmpas – sylw sydd wedi ei gadarnhau gan yr hyn a ddarganfuwyd ers hynny.

Rhith yw'r pethau yr ydym yn eu cymryd yn ganiataol yn ein bywydau bob dydd, rhith sy'n deillio o ffrwyth ein dychymyg. Mae pethau'r byd o'n cwmpas i'w gweld mor glir 'â hoel ar bost'. Ond y mae Gwyddoniaeth gyfoes yn dangos nad ydym yn 'gweld' dim byd. Yr ymennydd sy'n creu darluniau allan o'r signalau sy'n ei gyrraedd drwy ein llygaid a'n synhwyrau.

Un o gyneddfau pwysicaf dynolryw yw ein gallu i gyfathrebu drwy gyfrwng iaith. Un o briodoleddau iaith yw na ellir adrodd ond un peth ar y tro. Ni allwn adrodd pob peth a welwn i gyd ar yr un pryd. Mae un peth yn cael ei adrodd ar ôl peth arall ac yna peth arall ac yn y blaen. O ganlyniad i strwythur iaith, mae'n ymddangos bod yna drefn resymegol ac anochel o achos ac effaith y tu ôl i ddigwyddiadau. Ond yr hyn sy'n digwydd mewn gwirionedd yw ein bod yn dethol y patrwm o eiriau yr ydym yn ei adrodd er mwyn adrodd y stori yr ydym yn dymuno ei chredu.

Ni ellir troi at y cof am gymorth. Pan fydd yr ymennydd yn edrych yn ôl ar ddigwyddiadau'r gorffennol, mae'n dethol y patrymau sy'n cydymffurfio â'r hyn y byddem wedi dymuno iddo ddigwydd.

Fel bodau dynol, yr ydym yn ymwybodol o gael ein geni, o fyw am ryw hyd ac yna marw. Mae inni ein hamserau, o'r 'Dechrau' a'n 'Gorffennol', i'r 'Presennol' ac at y 'Dyfodol' nes cyrraedd ffin terfyn y 'Diwedd'. Ond mae tystiolaeth gynyddol nad yw Amser fel yr ydym ni yn ei ddeall yn bod, dim ond yr 'yn awr' parhaol. Rhith yw'n holl syniad o 'Amser', rhith sy'n seiliedig ar ein hymwybyddiaeth o'r ffordd y mae ein cyrff yn graddol ddadfeilio.

Un o'r pethau yr ydym yn ymhyfrydu ynddynt yn y Gorllewin yw ein Rhyddid. Rhyddid i feddwl, rhyddid i ddewis, rhyddid i wneud penderfyniadau a rhyddid i weithredu. Ond y mae ein gallu cyfoes i sganio'r ymennydd yn dangos bod yr ymennydd wedi ysgogi ymateb gan y cyhyrau, eiliadau cyn bod y person yn mynegi ei benderfyniad.

Mae cynnydd cyffredinol yn y ddrwgdybiaeth a'r amheuon sy'n codi am y gwirioneddau a'r gwerthoedd a ystyriwyd yn oesol, a hefyd am onestrwydd a gallu y rhai y buom yn arfer troi atyn nhw yn draddodiadol am arweiniad a chyngor.

Y canlyniad yw'r ymdeimlad o ansicrwydd, amheuaeth, anobaith a drwgdybiaeth sy'n nodweddion ein hoes.

Yr ydym ni wedi cael ein codi i ystyried y byd a'n lle ynddo drwy adnabod y patrymau sylfaenol sydd y tu ôl i bopeth – deddfau Gwyddonol, gorchmynion Crefyddol, cyfreithiau Cymdeithasol, daliadau Gwleidyddol a dysgeidiaethau Moesol. Ond yr hyn yr ydym yn gorfod ei wynebu yn awr yw ein bod yn byw mewn byd lle nad oes patrymau o achos ac effaith, byd lle nad yw'n bosibl darogan y Dyfodol, canys does dim 'Dyfodol' – byd, yn fyr, sy'n chwilfriw.

Ond os ffuantus yw'r holl gyfundrefnau a sefydliadau yr

wyf i wedi'u derbyn, a'r ffyrdd yr wyf wedi ceisio (a methu) byw fy mywyd o fewn patrymau y cefais eu dysgu gan eraill, beth sydd ar ôl?

Bydd lawen yn dy fywyd, na fydd brudd;
A meithrin farn yn lle'r ffolineb sydd;
A chan nad ydyw'r byd i gyd ond diddim,
Cyfrif nad wyt ond diddim, a bydd rydd!

– John Morris-Jones

Cynnwys

Pa beth yw dyn?

yn y dechreuad –
Cymar Duw, ychydig is na'r angylion.

ond wedyn –
Pechadur a yrrwyd o Baradwys.

yn ôl Thomas Hobbes, 1588–1679:
Creadur cas, tlawd, bwystfilaidd, byrhoedlog ac unig sydd ag angen awdurdod canolog i'w reoli a'i amddiffyn.

yn ôl René Descartes, 1596–1650:
Peiriant sy'n cael ei yrru gan ei feddwl.

yn ôl John Locke, 1632–1704:
Llechen lân, *tabula rasa,* a lenwir gan brofiadau bywyd.

yn ôl Jean-Jacques Rousseau, 1712–1778:
Plentyn Natur sydd yn ei hanfod yn anrhydeddus ac yn dda.

yn ôl gwyddonwyr yr unfed ganrif ar hugain:
Mymryn o lwch mewn gofod diderfyn yn bodoli am ennyd mewn tragwyddoldeb.

yn ôl niwrowyddonwyr yr unfed ganrif ar hugain:
Ffrwyth ei ddychymyg ei hun.

yn ôl ffisegwyr yr unfed ganrif ar hugain:
Creadur sy'n codi cwestiynau; bywyd deallus dyn yw'r rheswm am fodolaeth ein bydysawd.

I
Paham y mae rhywbeth yn lle dim byd?

O'm herwydd I.

Hebof 'Fi', does dim byd:
dim cerddoriaeth heb neb i wrando
dim lliwiau heb lygaid i'w gweld
dim gwyddoniaeth, celf nac athroniaeth
heb fy ngallu ymenyddol i.

(Gw. hefyd **yr arsylwr** tt. 118, 119 a 125)

Caea dy lygaid. Rho dy ddwylo dros dy lygaid.

Diddim diarcholl yr ehangder mawr
– T. H. Parry-Williams

Dyma'r byd hebddon ni.

Nawr agor dy lygaid, ac edrycha.

2

Byw a bod

Y rheswm am fy 'mod' I yw'r un rheswm dros fodolaeth pob anifail a phob planhigyn, y rheswm dros yr hyn sy'n byw ym magma poeth gwaelod cefnforoedd a'r cen ar wyneb seren wib. Ein henw arno yw 'bywyd' ond nid ydym yn gwybod beth yw bywyd, o ble mae'n dod, pryd mae'n cyrraedd na ble mae'n mynd pan na allwn ei weld rhagor.

Beth yw'r rheswm am fywyd?

Un ateb amlwg sy'n wir am blanhigion, am anifeiliaid ac amdanom ni fodau dynol, sef atgenhedlu.

Ond yn wahanol i blanhigion ac anifeiliaid, mae gennyf Fi 'fywyd deallus', gwedd ar fywyd sy'n deillio o'm hymennydd. Oherwydd y math yma o fywyd rwy'n gwybod:

1. Bod yr 'i' yn 'Fi' yn wahanol i bob 'Fi' arall. Mae gennyf hunaniaeth.
2. Oherwydd fy ymennydd, rwy'n gwybod (yn wahanol i anifeiliaid a phlanhigion) fy mod i wedi cael fy ngeni, ac y byddaf ymhen rhyw hyd yn darfod, byddaf yn marw.

Y cwestiwn mawr wedyn yw beth ydwyf I yn ei wneud â'm deallusrwydd?

Yr ymennydd

Dyma gynheilydd bywyd deallus. Mae'n cynnwys pethau fel: y meddwl, y dychymyg, rheswm, teimladau, emosiynau, einioes, a'r enaid.

Fel 'bywyd' ei hun, enwau cyfleus yw'r rhain yr ydym i gyd yn gyfarwydd â nhw, ond eto does gennym ddim syniad beth ydynt!

Mae'r ymennydd yn hynod o effeithiol mewn rhai pethau – wedi'r cyfan dyma beth sy'n gyfrifol ein bod wedi goroesi fel bodau dynol.

Mae'r ymennydd yn sicrhau bod systemau hanfodol y corff yn gweithredu heb imi orfod meddwl amdanynt. Mae'n gweithio megin yr ysgyfaint yn ddi-baid, mae'n sicrhau, heb unrhyw gyfraniad gennyf 'fi', fod fy nghalon yn curo, ddydd a nos, mae'n prosesu'r tanwydd (bwyd a diod) sydd ei angen i gynnal ei beirianwaith.

Nid yw'n arbennig o effeithlon yn ôl ein syniadau ni o effeithlonrwydd, gan ei fod yn ei ddiffodd ei hun am draean o gyfnod bob dydd, h.y. pan af i gysgu bob nos.

Mae hyn yn golygu nad oes gennyf unrhyw reolaeth dros lawer o weithredoedd hanfodol fy nghorff.

Mae'r diffyg rheolaeth yma hefyd yn cynnwys fy meddyliau a'm teimladau.

Mae Gwyddoniaeth gyfoes yn datgelu nad yw'r ymennydd yr un mor effeithiol ym mhob rhyw faes. Mae ganddo ei wendidau a dylem fod yn ymwybodol o'r gwendidau hyn wrth inni fynd ati i ddefnyddio'r ymennydd i ddatrys rhai o gwestiynau mawr ein byw a'n bod.

Ymwybyddiaeth

Nid ydym yn gwybod beth yw ein 'hymwybyddiaeth', eto yr ydym yn gwybod ei bod yn rhan hanfodol o 'fywyd deallus'.

Yn fiolegol 'ymwybyddiaeth' yw'r prosesau neu'r strwythurau o fewn yr ymennydd, fel yr osgiliadau yn y signalau rhwng niwronau sydd i'w gweld wrth sganio ymennydd rhywun sy'n ymwybodol.

Ond dirgelwch yw sut y gall rhwydwaith corfforol o niwronau gynhyrchu profiadau y tu hwnt i'r byd a luniwyd o fater sydd yn ein cwmpasu.

Yn y dyddiau sydd ohoni mae dwy brif ffordd o ystyried ymwybyddiaeth:

1. Mae ymwybyddiaeth yn rhan hanfodol o'n bydysawd, yn gorwedd ochr yn ochr â mater, gofod-amser, màs ac ati, (am ragor o wybodaeth, gw. **Ouroboros**, t. 132, 135). Mae'n briodwedd sylfaenol nad yw'n gallu cael ei hegluro gan unrhyw briodweddau symlach.

2. O ystyried yr ymennydd fel peiriant sy'n creu modelau neu efelychiadau o sut y mae'r byd o'i gwmpas yn gweithio, ymwybyddiaeth yw model neu efelychiad gan yr ymennydd o sut y mae ef ei hun (yr ymennydd) yn gweithio. Ymwybyddiaeth yw'r ymennydd yn arsylwi ei weithgarwch ei hun.

(Gw. sylw **Albert Einstein**, t. 124; **Y graig**, t. 131; **Damcaniaeth Gaia**, t. 132)

Rwy'n gweld!

Un o'r darganfyddiadau mawr sydd wedi newid y ffordd yr ydym yn ystyried y byd o'n cwmpas yw'r ffaith mai rhan yn unig o'r hyn a welwn sy'n cael ei chyflwyno gan ein llygaid. Mae ein llygaid yn troi goleuni yn signalau.

Mae gan yr ymennydd fodel o'r hyn a welir ac y mae'n cymharu'r signalau a dderbynnir â'r model ac os yw digon ohonynt yn debyg, mae'n derbyn y model. Mae'r holl broses yn seiliedig ar ddyfalu a dehongli patrymau ar sylfaen o brofiad. Dau ddimensiwn a gofnodir gan rwyden ein llygaid, eto yr ydym yn canfod y byd mewn tri dimensiwn. Ar ben hynny mae'r darlun sy'n cyrraedd rhwyden y llygad (fel mewn camera) wyneb i waered. Mae'r hyn yr ydym yn ei ganfod yn wahanol i'r hyn sy'n real. Mae darn o bapur llwyd yn edrych yn dywyll yng nghanol rhywbeth gwyn ac yn ddisglair yng nghanol rhywbeth du.

Mae'r ymennydd mor dda am adnabod patrymau, mae'n gallu creu patrymau lle nad oes patrymau yn bod. Ni all y lluniau canlynol fod yn 'wir', eto maen nhw'n edrych yn wir i'r ymennydd. Mae ein llygaid yn gallu ein twyllo ni i weld pethau nad ydynt yn bod. Rhan o ddawn arlunydd yw defnyddio technegau sy'n twyllo'r llygaid er mwyn creu lluniau trawiadol. Dyma rai lluniau syml iawn sydd yn amlwg yn ein twyllo i weld pethau nad ydynt yn bosibl.

Mae'r delweddau isod yn enghreifftiau o wrthrychau amhosibl a grëir gan yr ymennydd. Un disgrifiad o'r trionglau hyn yw 'y ffurf buraf ar yr hyn sy'n amhosib'. Fe'i defnyddir gan yr arlunydd M.C. Escher a greai luniau credadwy o bethau amhosib.

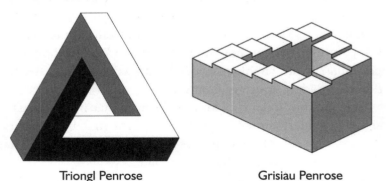

Triongl Penrose   Grisiau Penrose

Mae'r ddau fwrdd yma yn union yr un siâp. Torrwch ddarn o bapur fel ei fod yn gorwedd yn union dros un ohonynt. Nawr, rhoddwch yr un darn dros y llall. Rwyf wedi gorfod gwirio hyn bron bob tro rwy'n ei ddarllen gan ei fod mor anodd ei gredu.

Adnabod y patrymau

Un o hanfodion sylfaenol gwaith yr ymennydd yw ei allu i gyferbynnu (adnabod y gwahaniaeth rhwng pethau). Mae'r signalau sy'n ei gyrraedd yn cael eu canfod gan yr ymennydd fel patrymau, ac y mae ein hymennydd yn dehongli'r patrymau sydd ynghlwm wrth bobl, wrth bethau, wrth ddigwyddiadau, er mwyn creu ystyr.

Mae ganddo fodel o'r hyn a welir ac y mae'n cymharu'r signalau a dderbynnir â'r model ac os ydynt yn debyg, mae'n derbyn y model. Mae'r holl broses yn seiliedig ar ddyfalu a dehongli patrymau ar sylfaen o brofiad.

- Yr oedd yr hen Roegiaid, wrth edrych ar y sêr, yn gallu gweld 'aradr', 'cranc', 'gefeilliaid', 'cawr' ac yn y blaen.

- Yn 1994 fe wnaeth gwraig yn America gnoi darn o dost a gweld llun y Forwyn Fair. Cadwodd y darn a'i werthu am filoedd o ddoleri.
- Yn ystod yr Ail Ryfel Byd pan oedd yr Almaen yn defnyddio bomiau oedd yn cyrchu eu hunain i ddisgyn ar Lundain, darganfuwyd patrwm y bomio a ble'r oedd y mannau mwyaf diogel i gysgodi. Wedi'r rhyfel, dangoswyd mai ar hap y disgynnodd y bomiau a hynny oherwydd nad oedd system llywio'r bomiau yn gweithio'n dda iawn.

Blodeuwedd

Cymerasant hwy flodau'r deri, a blodau'r banadl a blodau'r erwain, ac o'r rhai hynny lunio'r forwyn decaf a phrydferthaf a welodd dyn erioed.

– Math fab Mathonwy

Hud a lledrith Gwydion a luniodd ferch brydferth y chwedl. Hud a lledrith artist a chamera sy'n creu'r ferch gyfoes o goed a dail ac adar.

Hen wreigan newydd sbon
– 'Cam', Catrin Dafydd

A weli di wyneb y ferch ifanc uchod?
Wedyn fe ddaw ei neclis yn geg yr hen wraig.

Patrwm o gyd-ddigwyddiadau

Abraham Lincoln a John F. Kennedy

Etholwyd Lincoln i'r Gyngres yn 1846.
Etholwyd Kennedy i'r Gyngres yn 1946.

Etholwyd Lincoln yn Arlywydd yn 1860.
Etholwyd Kennedy yn Arlywydd yn 1960.

Saethwyd y ddau Arlywydd ar ddydd Gwener.

Enw ysgrifennydd Lincoln oedd Kennedy.
Enw ysgrifennydd Kennedy oedd Lincoln.

Enw'r Arlywydd a'u dilynodd oedd Johnson.

Ganed Andrew Johnson, olynydd Lincoln, yn 1808.
Ganed Lyndon Johnson, olynydd Kennedy, yn 1908.

Ganed John Wilkes Booth a laddodd Lincoln yn 1839.
Ganed Lee Harvey Oswald a laddodd Kennedy yn 1939.

Lladdwyd Lincoln mewn theatr o'r enw 'Ford'.
Lladdwyd Kennedy mewn car 'Ford Lincoln'.

Lladdwyd Lincoln mewn theatr
a dihangodd ei lofrudd i guddio mewn stordy.
Lladdwyd Kennedy o stordy
a dihangodd ei lofrudd i guddio mewn theatr.

Lladdwyd Booth ac Oswald cyn cyrraedd llys barn.

Adrodd y stori

Y ffordd hynaf oll o gyflwyno'r patrymau a welir yn ein bywydau ac yn y byd o'n cwmpas, ac ystyr y patrymau hyn, yw trwy adrodd straeon, dull sy'n hŷn o lawer nag athroniaeth na Gwyddoniaeth.

Hanfod stori yw cyflwyno'n glir y patrwm sy'n egluro ac yn rhoi ystyr i bethau. Techneg stori yw dethol y pethau pwysig, eu gosod mewn trefn resymegol, a'u cyflwyno mewn ffordd gofiadwy sy'n apelio at y synhwyrau. Mae dull y stori o gyflwyno ystyr yr un mor rymus heddiw ag a fu erioed.

Fodd bynnag, y mae adrodd stori yn seiliedig ar hanfod natur iaith. A rhaid wynebu rhai o'r problemau sy'n codi wrth ddefnyddio iaith fel cyfrwng.

Ar un ystyr y broblem gyda geiriau yw nad yw llawer ohonynt yn golygu dim byd. Labeli yw geiriau sy'n gadael i ni rannu profiadau, ond nid y gair yw'r profiad; arwyddion neu symbolau yn unig yw geiriau sy'n sefyll yn lle'r profiad. Mae'r broblem yn codi pan ydym yn camgymryd y gair am y profiad.

Rwy'n gwybod beth yw morfil, rwyf wedi gweld lluniau morfil ar y teledu, ond dydw i ddim wedi 'profi' morfil. Rwyf hefyd yn gwybod yn yr un ffordd beth yw 'uncorn'.

Yr ail beth am iaith yw ei bod yn gyfrwng llorweddol mewn un dimensiwn.

Ni ellir dweud mwy nag un peth ar y tro. Rhaid defnyddio un gair cyn y gellir dweud y gair nesaf. Nid yw dau beth yn gallu cael eu hadrodd ar yr un pryd. Mae'r rhestr ddethol o eiriau a ddefnyddir i adrodd stori yn arwain at y syniad o achos ac effaith, yna achos arall ac effaith arall, nes cyrraedd diwedd anochel y mae modd ei olrhain drwy ddilyn y patrwm o effaith ac achos.

Mae'n anodd iawn wedyn ddygymod â byd lle mae llawer iawn o bethau'n digwydd gydag amrywiaeth eang o ganlyniadau a'r rhain i gyd yn digwydd ar yr un pryd. Mae fel gwylio nifer o setiau teledu gyda rhaglenni gwahanol ar bob un ohonynt ar yr un pryd. Mae'r ymennydd yn gorfod dethol un set o ddigwyddiadau neu un patrwm er mwyn gwneud synnwyr o'r hyn sy'n digwydd.

Ystyriwch cynifer o feysydd gwyddonol, celfyddydol, cymdeithasegol ac ati sy'n seiliedig ar drefn resymegol, un dimensiwn, achos ac effaith.

Maes arall sy'n cyflwyno gwybodaeth mewn dull llorweddol, rhesymegol yw Mathemateg, ond ei bod yn defnyddio symbolau yn hytrach na geiriau.

Dyma sylw un oedd yn gwybod mwy am y maes hwnnw na'r rhelyw:

'O ran deddfau Mathemateg, yn gymaint ag y mae a wnelont â realaeth, nid ydynt yn sicr; yn gymaint ag y maent yn sicr, nid oes a wnelont â realaeth.'

– Albert Einstein

Eto er gwaethaf y cyfyngiadau hyn, gallu dyn i ddweud straeon sy'n gyfrifol am y ffordd y mae dynolryw wedi datblygu cymaint ymhellach na'r simpansî sy'n rhannu llawer iawn o'r un data genetig â bodau dynol.

Drwy gyfrwng stori gallasai pobl ifanc y cynfyd ddysgu llawer iawn mwy am sut i oroesi mewn byd llawn peryglon nag a fyddai'n bosibl drwy brofiad yn unig. Yr oedd adrodd y stori yn paratoi bodau dynol i wynebu'r profiadau y byddent yn debyg o'u hwynebu yn eu dyfodol, a hynny mewn ffordd syml a diogel.

Dawn dyn i greu straeon neu 'fythau' am bethau fel arian, crefydd, cenedligrwydd, ac ati, sy'n gyfrwng i ni weithio ar y cyd ar lefelau dynol aruthrol o fawr, lle mae'r simpansî, er enghraifft, yn gyfyngedig i gydweithio o fewn grwpiau o 150 neu lai.

Damhegion

Un o'n nodweddion dynol yw'n cais i ddeall y byd a'r bydysawd o'n cwmpas drwy adnabod a deall y Cynllun Mawr sydd y tu ôl i bob peth.

Dawns y cysgodion

Bedwar can mlynedd cyn geni Crist, lluniodd yr athronydd Platon ddarlun o'n cyflwr ni fel dynion, sef ein bod yn debyg i bobl wedi eu caethiwo mewn ogof yn wynebu mur yr ogof. Y tu ôl i ni mae tân ac y mae pob math o bethau yn digwydd rhwng y tân a ni'r caethion, ond yr unig beth yr ydym ni yn gallu ei weld yw cysgodion y digwyddiadau hyn. Yn anochel yr ydym yn credu mai'r hyn a welwn ar y mur yw realiti. A phe bai un neu ddau ohonom yn llwyddo i droi tuag at y tân, byddem yn cael ein dallu gan ei oleuni.

Ôl-foderniaeth

Term yw hwn a ddefnyddir mewn meysydd fel llenyddiaeth, celf, athroniaeth ac astudiaethau diwylliannol. Mae'n adwaith yn erbyn sicrwydd tybiedig y dulliau gwyddonol, gwrthrychol, traddodiadol o adnabod realiti.

Mae'n seiliedig ar y ffaith nad drych o realiti yw'r meddwl ond yn hytrach bod meddwl unigolyn yn creu ei realiti personol ei hun.

Yn hytrach na derbyn bod diwylliannau, traddodiadau, grwpiau neu bobloedd cyfan yn meddu ar wirioneddau oesol, mae'n canolbwyntio ar wirioneddau'r unigolyn.

Dehongliad yw popeth. Realiti yw'r hyn yr ydym ni yn ei ddehongli.

'Dyma fy ngwirionedd i; dangos imi dy wirionedd di.'

Mae ôl-foderniaeth yn seiliedig ar brofiad diriaethol yn hytrach nag egwyddorion haniaethol, gan gydnabod y bydd profiad personol yn ddiffygiol ac yn gyfyngedig yn hytrach nag yn sicr ac yn gyffredinol.

'Rhith yn unig yw realaeth ond un sy'n mynnu parhau.'
– Albert Einstein

Y gwirionedd

Yr enw a roddir ar batrwm y mae llawer o bobl yn ei dderbyn, a hynny dros gyfnod hir o amser, yw 'y gwirionedd'. Hanes gwareiddiad yw'r ffordd y mae un 'gwirionedd' yn cael ei ddisodli gan 'wirionedd' newydd. Yn hanes crefydd yr enw ar yr hen wirioneddau a ddisodlwyd yw 'myth'. Gwelwn yr un broses ar waith ym myd y meddwl – athroniaeth yn gyffredinol – ond efallai fod maes 'cyfiawnder' yn cynnig enghreifftiau mwy penodol.

Mae ein barn ar beth sy'n 'dda' a beth sy'n 'ddrwg' yn symud ac yn newid er bod syniadau pendant iawn gan rai am wirioneddau 'da' a 'drwg'. Does dim ond rhaid ystyried ein hagweddau tuag at ysmygu, priodas, gwrywgydiaeth, neu hyd yn oed ddefnyddio glo i gynhesu ein tai, am enghreifftiau diweddar o sut mae ein syniad o beth sy'n 'dda' a beth sy'n 'ddrwg' neu beth sy'n 'dderbyniol' neu'n 'annerbyniol' wedi newid yn sylfaenol.

Mae'r un peth yn digwydd ym myd Gwyddoniaeth, ond yr enw ar wirionedd gwyddonol yw 'damcaniaeth'. Gellir gweld y broses o newid ar waith yn y ffordd y mae damcaniaethau Newton ar sut mae'r bydysawd yn gweithio wedi cael eu disodli gan ddamcaniaethau diweddarach Einstein.

Ymateb y gwyddonydd i unrhyw ddamcaniaeth sy'n troi yn 'Ddeddf' yw ceisio profi nad yw'r ddeddf yn wir.

Ar y llaw arall, ymateb pobl yn gyffredinol i 'wirionedd' yw ymladd hyd at waed i sicrhau nad yw'r 'gwirionedd' yn cael ei newid.

Paradocs

Mae Gwyddoniaeth gyfoes yn dangos, er mwyn inni fedru deall mater, fod yn rhaid inni fod yn barod i'w ystyried mewn mwy nag un ffurf ar yr un pryd – fel gronyn, fel ton neu fel tant sy'n dirgrynu.

Mewn trafodaeth y cyfeirir ati yn y gyfrol *Cristnogaeth a Gwyddoniaeth* gan Noel A. Davies a T. Hefin Jones, mae dau o ffisegwyr mawr yr ugeinfed ganrif, Einstein a Heisenberg, yn sylwi:

> There are two kinds of truth. To the one kind belong statements so simple and clear that the opposite assertion obviously could not be defended. The other kind, the so-called 'deep truths', are statements in which the opposite also contains deep truth.

Mae doethineb yr oesau yn dweud yn fwy cyffredinol:

Gwrthwyneb gwirionedd bach yw celwydd:
Gwrthwyneb gwirionedd mawr yw gwirionedd mawr arall.

Oes ôl-wirionedd

Yn draddodiadol, yr ydym wedi cael ein dysgu i ddilyn canllawiau clir, sicr a digyfnewid sy'n perthyn i fyd sefydlog a digyfnewid, ond yr ydym yn ymwybodol ein bod yn byw mewn byd ansefydlog, cyfnewidiol, sy'n llawn o sefyllfaoedd anrhagweladwy. Yn y gorffennol, buom yn derbyn arweiniad gan arbenigwyr a oedd yn gorfod cydymffurfio â safonau a moeseg oedd yn cael eu gwarchod gan gyrff proffesiynol. Erbyn hyn dros gyfnod eithaf hir o amser, y mae ein hygrededd wedi'i danseilio gan fethiant gwarcheidwaid y safonau, a chan faint ac ansawdd yr ysgelerder sy'n digwydd o fewn proffesiynau ac ar lefel gorfforaethol: Y Senedd (rhyfel Irac), Cyfraith a Threfn (trychineb Hillsborough), Gofal Plant a'r Henoed, y Gwasanaeth Iechyd, Eglwysi yn cam-drin plant a banciau ac Arianwyr yn gyffredinol.

Does dim rhyfedd bod hyn yn arwain at ddrwgdybiaeth ac amheuaeth o'r hen gyfundrefnau o awdurdod a threfn.

Un canlyniad i hyn yw bod darganfyddiadau a datganiadau newydd, sy'n seiliedig ar ffeithiau a Gwyddoniaeth ddilys ond annisgwyl, yn derbyn yr un amheuaeth a drwgdybiaeth â'r hen 'wirioneddau' traddodiadol.

Encilio rhag rheswm

Mae canfyddiadau Gwyddoniaeth yn mynd yn fwyfwy anghredadwy (fel rhai o'r honiadau yn y gyfrol fach hon) ac eto'n cael eu profi'n gywir nid yn unig yn y rocedi a daniwn ymhell i berfeddion y gofod a'n gallu i archwilio'r sêr, ond yn y dyfeisiadau a gymerwn yn ganiataol ac a ddefnyddiwn bob dydd i gyfathrebu, masnachu a chasglu gwybodaeth – cyfrifiaduron personol, y Rhyngrwyd, ceir sy'n eu gyrru eu hunain, rhith-realaeth ac ati.

Ond, wedi dweud hynny, yr ydym yn fwyfwy parod i gredu huodledd y gau broffwydi hynny sy'n pregethu'r holl addewidion cysurus yr hoffem eu credu, ond sy'n groes i dystiolaeth wyddonol.

Tystiolaeth y gwyddonydd yw na all unrhyw ddamcaniaeth wyddonol fod yn hollol gywir oherwydd yr ymdrechion i ddod o hyd i eithriadau i'r ddamcaniaeth.

Tystiolaeth y gau broffwydi yw darogan gwell byd a wedyn chwilio am esgusodion pan na ddaw yn wir.

Synnwyr cyffredin

'Ni roddwyd i ddyn ond un ddawn berffaith, sef y ddawn i ddeall pethau – ar ôl iddynt ddigwydd.'

Y ffordd y mae'r ymennydd yn gweithio yw ei fod yn chwynnu drwy'r cof ac yn dethol patrwm neu batrymau sy'n gwneud synnwyr o'r hyn a ddigwyddodd, a hynny mewn ffordd sy'n cytuno â'r hyn yr hoffem ni feddwl sydd wedi digwydd.

Wedi adnabod patrwm, mae'r natur ddynol yn canolbwyntio ar gasglu unrhyw dystiolaeth sy'n ei gadarnhau gan ddiystyru unrhyw beth nad yw'n ffitio.

Byddai disgwyl i'r cof ein cynorthwyo yn hyn o beth, ond y gwir yw bod y cof yn gwbl anwadal ac yn dethol dim ond yr hyn yr ydym yn dymuno'i gofio.

Yn 1973 holwyd 3,000 o bobl yn America ynghylch eu barn ar faterion dadleuol y dydd fel cyfreithloni cyffuriau, erthyliad ac ati. Yr oedd yr ymatebion yn ymestyn o 'cytuno'n llwyr' i 'anghytuno'n llwyr'.

Ddeng mlynedd yn ddiweddarach aethpwyd yn ôl a gofyn barn yr un bobl ar yr un materion gan ofyn a oedd eu barn wedi newid yn y cyfamser. Ym marn y rhai a atebodd, nid oedd eu barn wedi newid o gwbl, eto o edrych ar yr ymatebion yr oedd eu barn wedi newid yn sylweddol iawn.

Mae hyn yr un mor wir am ddigwyddiadau 'bythgofiadwy'.

Yn 1986 gofynnwyd i fyfyrwyr ysgrifennu traethawd ar ffrwydrad y wennol ofod *Challenger*. Dair blynedd yn ddiweddarach holwyd yr un myfyrwyr eto am y drychineb. Yr oedd llai na 7% o'u tystiolaeth yn cyfateb i'r hyn a ysgrifennwyd yn wreiddiol ac yr oedd 25% o'r grŵp wedi methu cael yr un manylyn yn gywir. A hynny yn achos trychineb mor gofiadwy.

Yn 2002 aeth seicolegwyr o Brifysgol Portsmouth i ganolfan siopa a holi pobl am yr hyn yr oedden nhw'n ei gofio am farwolaeth y Dywysoges Diana, gan gynnwys y cwestiwn a welson nhw 'the footage of the crash' ei hun. Atebodd dros hanner y bobl a holwyd eu bod wedi gweld y 'footage' er nad oes unrhyw luniau byw o'r ddamwain i'w cael.

Ac yn ein hachosion unigol ni, pe bai rhywun yn ein dilyn ni o gwmpas ac yn cofnodi'n fanwl ein gweithredoedd dyddiol fe fyddai'r holl beth yn rhestr blith draphlith o ddigwyddiadau digyswllt, pendramwnwgl. Ond pe bai rhywun yn gofyn inni lunio hunangofiant, byddai'r patrwm yn ymddangos yn glir ac yn gorwedd yn dwt ac yn daclus yn un llinell anochel.

Ar y pryd oes ynfyd oedd,
Oes aur ymhen amseroedd.

– Alan Llwyd

Y dull gwyddonol

Dyma ddisgrifiad y ffisegydd Richard Feynman o'r broses:

Yn gyntaf rwyt ti'n dyfalu deddf newydd; wedyn rwyt ti'n cyfrifiannu beth fyddai'r canlyniadau pe bai'n wir; wedyn rwyt ti'n cymharu'r canlyniadau naill ai â'r hyn sy'n digwydd yn natur neu mewn arbrawf neu arbrofion, gan arsylwi a yw'r ddarpar ddeddf yn gweithio. Os nad yw'r cyfrifiannu gwreiddiol a chanlyniadau'r arsylwi yn cytuno, mae'r dyfalu yn anghywir, a dyna ei diwedd hi.

Yn hytrach nag adnabod y patrymau ar ôl i rywbeth ddigwydd, amcan y gwyddonydd, ar sail model neu theori arbennig, yw medru rhagfynegi beth fydd canlyniad rhywbeth *cyn* iddo ddigwydd a bod hynny'n wir dro ar ôl tro.

Mae'r gwyddonydd yn edrych ar y byd o'i gwmpas a thrwy ddefnyddio'r hyn y mae wedi'i ddysgu yn barod, yn

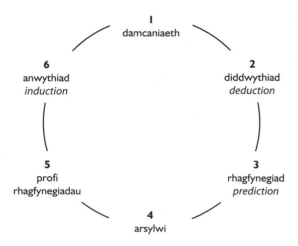

1
damcaniaeth

6
anwythiad
induction

2
diddwythiad
deduction

5
profi
rhagfynegiadau

3
rhagfynegiad
prediction

4
arsylwi

Model syml o'r 'Dull Gwyddonol'

ceisio deall sut y mae'r cyfan yn gweithio. Sylfaen ffordd y gwyddonydd o weithio yw sylwi yn fanwl a mesur, creu model neu ddamcaniaeth sy'n egluro yr hyn y mae wedi sylwi arno ac yna ddyfeisio arbrawf i weld a yw'r model yn gweithio. Y prawf ei fod yn gweithio yw:

- Bod pobl eraill yn gallu cynnal yr un arbrofion a chael yr un canlyniadau.
- Bod modd dweud beth fydd canlyniad rhywbeth, cyn iddo ddigwydd, ar sail y model neu'r theori.

Mae'r gwyddonydd yn defnyddio dawn yr ymennydd i adnabod patrymau ac yn defnyddio ei sylwadau a mesuriadau manwl er mwyn creu patrwm newydd sy'n ymgorffori'r sylwadau a'r mesuriadau hyn.

Er mwyn creu patrwm newydd, rhaid bod yn barod i adnabod a chydnabod pethau sydd, cyn hynny, wedi cael eu diystyru neu eu hanwybyddu gan yr ymennydd.

Y ddamcaniaeth sy'n caniatáu i ni weld.

Ysgrifennodd Charles Darwin:

Rwy'n dilyn un rheol euraidd: pryd bynnag y bydd sylw neu syniad yn fy nharo sy'n groes i'm casgliadau cyffredinol, rwy'n ei nodi yn syth ac ar fyrder; oherwydd mae profiad wedi fy nysgu bod syniadau a meddyliau felly yn llawer tebycach o ddianc o'm cof na'r rhai cadarnhaol.

Er mwyn ceisio sicrhau gwrthrychedd gwyddonol, disgwylir bod unrhyw ddatganiad gwyddonol yn cael ei gyflwyno mewn ffordd sy'n caniatáu dangos *nad* yw'n gywir.

Ni fydd yr holl arbrofion a gyflawnir yn gallu profi fy mod yn gywir. Does ond angen un arbrawf i ddangos fy mod yn anghywir.

– Albert Einstein

Eto, er gwaethaf pob ymdrech i sicrhau dilysrwydd damcaniaeth wyddonol, mae'n cael ei mynegi drwy gyfrwng llorweddol mewn un dimensiwn, boed hynny'n iaith neu'n Fathemateg, neu'n fformiwla wyddonol.

Fel adrodd stori, mae'n cyflwyno syniad o achos ac effaith, yna achos arall ac effaith arall nes cyrraedd diwedd anochel. Ond yn y diwedd, fel stori, nid yw ond yn cynnig un patrwm wedi'i dynnu o'r holl bethau sy'n digwydd.

Ni ellir gwirionedd absoliwt mewn system sy'n seiliedig ar adnabod un patrwm allan o gyfanwaith o batrymau, a bod y patrwm hwnnw, yn y ffordd mae'n cael ei gynllunio, yn agored i gael ei brofi'n anghywir.

Mae pob cwestiwn gwyddonol sy'n dechrau gyda 'Pam?' yn gorffen gyda'r ateb 'Dydw i ddim yn gwybod'.

– Brian Cox

Rhaid bod yn agored i'r posibilrwydd y bydd y byd-olwg sydd wedi cael ei dderbyn fel ffaith neu wirionedd cyffredinol yn cael ei herio a'i ddiwygio gan dystiolaeth newydd neu ddehongliad newydd o hen dystiolaeth.

Un enw ar y ffenomen yw *paradigm shift* ond gwedd fwy diweddar arni yw'r hyn a elwir yn elyrch duon.

Elyrch duon

Dyma'r enw a roddir gan Nassim Nicholas Taleb ar ddigwyddiadau nad oes dim o'n profiad o'r gorffennol yn awgrymu y byddent yn bosibl.

Maen nhw'n ddigwyddiadau prin sy'n digwydd ar hap a damwain ond yn newid y byd a'n bywydau mewn ffyrdd sylweddol iawn. Oherwydd eu bod yn annisgwyl maen nhw hefyd yn annarogan, ac eto yn ôl Nassim Taleb, yn egluro bron pob datblygiad o bwys ym myd syniadau a chrefydd, ym meysydd Gwyddoniaeth, celf a digwyddiadau hanesyddol, a'r newidiadau mawr sydd wedi digwydd yn ein bywydau personol.

Mae'n enwi yn enghreifftiau: y Rhyngrwyd, twf cyfrifiaduron personol, ac yn hanesyddol: y Rhyfel Byd Cyntaf, chwalu'r Undeb Sofietaidd ac ymosodiadau Medi'r 11eg 2001 yn yr Unol Daleithiau.

Yr un peth sy'n nodweddiadol o'r digwyddiadau hyn yw gallu dynion i'w hegluro *ar ôl* iddyn nhw ddigwydd, er gwaethaf eu methiant i ddarogan eu bod hyd yn oed yn bosibl, cyn iddynt ddigwydd.

3

Pwy wyf fi?

Plentyn natur?

Mae gennym barch mawr tuag at natur, a thuedd i gredu bod mwy o rinwedd mewn pethau 'naturiol' nag sydd mewn pethau o wneuthuriad dyn.

Ond un o wersi amlycaf bywyd, ar ôl meddwl amdani, yw'r ffordd y mae dyn wedi cymryd elfennau sylfaenol byd natur ac wedi'u newid er lles dynolryw. Yr unig beth yn fy mywyd i rwy'n gallu meddwl amdano imi ei dderbyn yn ei ffurf naturiol, sylfaenol yw'r awyr yr wyf yn ei hanadlu.

Mae popeth arall yn fy mywyd wedi cael ei addasu gan ddynion er fy lles i – bwyd, dillad, iechyd, lle i fyw ac ati. Mae'r patrymau a welwn yn y byd yn batrymau y mae dyn wedi'u gosod ar y byd. Felly y cwestiwn yw, nid 'Beth yw'n rôl ni o fewn patrwm naturiol bywyd?', ond yn hytrach, 'Pa mor llesol yw'r patrymau y mae dyn wedi'u creu allan o ddeunydd crai ein byd?'

> Yr oedd dau bysgodyn ifanc yn nofio i fyny afon ac yn mynd heibio hen bysgodyn ar y ffordd. 'Bore da, fechgyn,' meddai, 'mae'r dŵr yn braf heddiw.'
>
> Ar ôl mynd heibio mae un o'r pysgod ifanc yn gofyn i'r llall, 'Beth yw dŵr?'

Pa fath o bethau sydd yn gymaint rhan o'n gwead fel nad

ydym ni (yn fwy na'r pysgod) yn ymwybodol o'u bodolaeth? Mae rhannau o'n hymennydd mor hen â'r ddynolryw ei hun, ac yn yr un ffordd nad oes gennym unrhyw reolaeth dros rannau mewnol y corff (curiad ein calonnau, patrwm anadlu ein hysgyfaint, ein hymysgaroedd ac ati), felly hefyd yn achos rhai rhannau o'r ymennydd.

Ystyria'r meddyliau sy'n hedfan drwy dy ben bob munud o bob dydd. Does gennym ddim rheolaeth drostynt o gwbl. Os wyt ti'n ceisio colli pwysau, y peth gwaethaf a all ddigwydd yw i rywun ddweud wrthyt ti, 'Paid â meddwl am siocled!' oherwydd dyna'r cyfan wnei di feddwl amdano am amser wedi hynny.

Ein greddfau, ein hymatebion emosiynol a'n teimladau yw'r pethau sydd wedi caniatáu i ni, *homo sapiens*, oroesi am ryw 50,000 o flynyddoedd a rhagor, ac yr ydym yn dal i ymateb yn reddfol fel ein cyndeidiau, yn enwedig pan fyddwn dan fygythiad.

Dan fygythiad mae'r corff yn cynhyrchu chwistrelliad o adrenalin yn barod i redeg neu ymladd. Dyma oedd y gwahaniaeth rhwng byw a marw wrth wynebu bwystfil rheibus. Ond nid bygythiadau corfforol y goedwig sydd yn ein hwynebu ni heddiw ond bygythiadau i'n ffordd ni o fyw, pethau fel cau ysgol, newidiadau i'r gwasanaeth meddygol neu ymadael â'r Gymuned Ewropeaidd – ond yr un yw ymateb greddfol yr ymennydd.

O ddeall rhywbeth fel bygythiad ein hadwaith greddfol yw gwrthwynebu ac 'ymladd' yn erbyn y bygythiad. Y broblem yw nad ydym yn ymwybodol mai ymateb greddfol, difeddwl yw ein hymateb cyntaf. Mae'r ymennydd yn ein hargyhoeddi mai ymateb rhesymol sy'n deillio o bwyso a mesur y sefyllfa ydyw, ac felly yr ydym yn ei amddiffyn i'r eithaf. Nid yw'n hawdd cyfaddef bod ein hymateb greddfol cyntaf yn anghywir.

Rhyddid ewyllys a rôl yr ymennydd

Mewn cyfres o arbrofion a ddechreuwyd yn y 1980au mae tystiolaeth wyddonol ddilys yn dangos bod ein hymennydd yn gwneud penderfyniadau *cyn* ein bod ni yn ymwybodol o'r penderfyniad. Yn 2007 gan ddefnyddio dyfais oedd yn sganio'r ymennydd, cafwyd ymateb ymenyddol i weithredu 7 eiliad cyn bod y person yn ymwybodol o wneud penderfyniad.

Mae Michael Gazzaniga a Roger Sperry, sy'n arbenigwyr ar y ffordd y mae'r ymennydd yn gweithio, wedi dangos, pan fydd llawfeddyg wedi gorfod gwahanu dau hemisffer yr ymennydd, y bydd y naill ochr yn gallu gweithredu yn hollol annibynnol ar ddylanwad y llall.

Mewn un arbrawf, dangoswyd llun iâr mewn ffordd oedd yn golygu mai dim ond un hemisffer oedd yn gallu gweld y llun ac yn yr un ffordd, dangoswyd llun o eira i'r hemisffer arall. Dangoswyd wedyn gyfres o luniau yr oedd y ddau hemisffer yn gallu eu gweld, gan ofyn i'r person ddefnyddio'i ddwy law i ddewis llun oedd yn gweddu i'r hyn a welodd yn flaenorol. Roedd yr hemisffer de yn dewis llun crafanc iâr a'r hemisffer chwith lun rhaw. Y peth brawychus oedd, pan ofynnwyd paham y dewiswyd y lluniau, mai'r ateb a gafwyd (yn deillio o hemisffer chwith yr ymennydd sy'n rheoli rheswm ac iaith) oedd, 'O, mae hynny'n amlwg, mae crafanc yr iâr yn mynd gyda "iâr" a rhaid wrth "raw" er mwyn carthu'r cwt ieir.'

Y peth anghyfforddus yw bod yna le i amau bod yr un broses yn digwydd pan fydd y ddau hemisffer ynghlwm hefyd.

O briodi'r ffordd y mae'r ymennydd yn gweithredu gyda'r hyn a wyddys erbyn hyn am y cymhellion a'r ymatebion sy'n deillio o'r isymwybod, mae'r casgliad yn un anghyfforddus iawn sef nad oes gennym, mewn gwirionedd, y rheolaeth dros ein bywydau yr hoffem dybio. Peth anodd a phoenus efallai yw wynebu hyn. Ond dim ond drwy ei wynebu y gellir dechrau cymryd rheolaeth a dechrau newid pethau.

Nid rheoli ein gweithredoedd y mae ein hymwybyddiaeth feddyliol, ond adrodd inni stori am ein gweithredoedd yn y ffordd y dymunwn ei chlywed ar ôl iddynt ddigwydd.

Yr ydym yn rhesymoli'r sefyllfa, ar ôl i ni gyflawni rhyw weithred, er mwyn argyhoeddi ein hunain ein bod wedi gwneud y gorau y gallem fod wedi'i wneud, drwy ridyllu ymaith unrhyw dystiolaeth i'r gwrthwyneb.

Y wers sylfaenol yw mai'r rhyddid sydd gennym yw'r rhyddid i *beidio gweithredu* – nid yw hyn yn hawdd.

P'un a wyt ti'n ei alw'n Fwdhaeth neu unrhyw grefydd arall, hunanddisgyblaeth sy'n bwysig, hunanddisgyblaeth gydag ymwybyddiaeth o ganlyniadau unrhyw weithred.

– Dalai Lama

Dylanwad magwraeth ac etifeddiaeth

Y plentyn sy'n cael ei farnu a ddysg i gollfarnu.

Y plentyn sy'n cael ei orthrymu a ddysg i ymladd.

Y plentyn sy'n cael ei wawdio a ddysg swildod.

Y plentyn sy'n cael ei gywilyddio a ddysg euogrwydd.

Y plentyn sy'n derbyn goddefgarwch a ddysg amynedd.

Y plentyn sy'n derbyn anogaeth a ddysg hyder.

Y plentyn sy'n derbyn canmoliaeth a ddysg i werthfawrogi eraill.

Y plentyn sy'n cael ei drin yn deg a ddysg gyfiawnder.

Y plentyn sy'n byw'n ddiogel a ddysg i ymddiried.

Y plentyn sy'n cael ei ganmol a ddysg i'w barchu ei hun.

Y plant sy'n cael eu derbyn ac sy'n profi cyfeillgarwch a ddysg sut i ganfod cariad yn y byd.

Yng ngeiriau bras Philip Larkin, 'They fuck you up, your mum and dad', neu 'Cyw a fegir yn uffern, yn uffern y myn fod'.

OND *nid yw hyn yn wir*!

Mae dylanwad cyffredinol rhieni ar blentyn, h.y. y dylanwad a brofir ar y cyd gan efeilliaid unfath er enghraifft, yn cyfrif am y nesaf peth i ddim (0–10%).

Mae dylanwad yr amgylchedd ar yr unigolyn (sef y pethau sy'n digwydd i un plentyn ond nid i'w frodyr a'i chwiorydd) yn cyfrif am 40%–50%, ac y mae lle i gredu bod gan y grŵp o gyfoedion y mae plentyn yn perthyn iddo fwy o ddylanwad ar rai o ddatblygiadau'r plentyn hwnnw na'i rieni.

Yn ôl Steven Pinker, *The Blank Slate* a Judith Rich Harris, *The Nurture Assumption*:

- Yn oedolion, mae brodyr a chwiorydd sydd wedi'u magu *ar wahân* yr un mor debyg a'r un mor wahanol i'w gilydd â brodyr a chwiorydd sydd wedi'u magu *ynghyd* yn yr un teulu.
- Nid yw brodyr a chwiorydd mabwysiedig yn debycach i'w gilydd nag unrhyw ddau berson a welech ar hap a damwain.
- Nid yw gefeilliaid unfath damaid yn debycach i'w gilydd na'r hyn a ddisgwylid mewn dau unigolyn sy'n rhannu'r un genynnau.

Nid yw'r ystyriaethau canlynol:

- a yw'r fam yn aros gartref neu'n gweithio,
- a yw'r rhieni yn briod,
- a yw'r rhieni o'r un rhyw,
- a oes tad yn rhan o'r teulu neu beidio –

yn eu rhinwedd eu hunain – yn effeithio ar ddatblygiad plentyn.

Un o ddarganfyddiadau Dr Elisabeth Kübler-Ross yn ei gwaith gyda phobl hen ac ifanc mewn encil yn Efrog Newydd lle'r oedd pobl yn cyrraedd ar ddiwedd eu dyddiau, oedd y siom ar ddiwedd bywydau cynifer o bobl ymddangosiadol lwyddiannus. Yr oedd y bobl hyn wedi gweithio'n galed i gyflawni'r hyn yr oedd eu rhieni wedi ei ddymuno yn hytrach na'r hyn yr oeddynt hwy am ei wneud. Yn lle actio, chwarae mewn band, dawnsio neu beth bynnag – gwnaethant yr hyn yr oedd pobl (eu rhieni yn bennaf) yn disgwyl iddyn nhw ei wneud. A chasgliad Dr Kübler-Ross oedd, dyna drueni nad oedd y bobl hyn wedi rhoi cynnig arni, a hyd yn oed pe baen nhw wedi methu, ni fyddent, ar ddiwedd eu dyddiau, yn gadael y byd yma yn drist oherwydd nad oeddynt wedi ceisio.

Os yw plentyn yn teimlo'n ddyledus i'w rieni, ystyriwch – does ar blentyn *ddim* i ni fel rhieni. Ein penderfyniad ni oedd cael y plentyn. Os oeddem yn ei garu ac yn darparu ar ei gyfer, dyna oedd ein dyletswydd fel rhieni, nid unrhyw weithred hunanaberthol. Gwyddem o'r cychwyn mai ei godi i'n gadael ni oedd ein gwaith. Dylem wneud hynny heb lethu'r plentyn ag ymdeimlad o ddyled a diolchgarwch.

Sêr-ddewiniaeth a fi

Mae'n bwysig i fi fod pobl eraill yn fy hoffi ac yn fy edmygu. Yr wyf i'n hunanfeirniadol. Mae gennyf ddoniau nad wyf yn eu defnyddio i'r eithaf. Tra bod gennyf i wendidau, ar y cyfan yr wyf i'n medru dygymod â nhw. Mae fy nyheadau rhywiol wedi achosi problemau. Yr wyf yn rhoi'r argraff o fod yn ddisgybledig ac yn hunanfeddiannol ond ar adegau rwy'n poeni ac yn pryderu a wyf i wedi gwneud y penderfyniad cywir. Mae'n well gennyf rywfaint o newid ac amrywiaeth ac rwy'n anfodlon pan gaf i fy nghyfyngu a'm rhwystro. Rwy'n falch o'm hannibyniaeth barn ac nid wyf yn barod i dderbyn barn pobl eraill heb brawf digonol. Rwyf wedi dysgu peidio datgelu gormod ohonof fy hunan i eraill. Ar adegau rwy'n allblyg, yn hawddgar ac yn gwmni da, ond ar adegau gallaf fod yn fewnblyg, yn ddrwgdybus ac yn dawedog. Mae rhai o'm dyheadau yn rhy obeithiol.

Ar raddfa 0 – 5 pa mor agos yw'r darlun hwn atat ti?

Darlun a luniwyd gan y seicolegydd Bertram Forer yn 1948 allan o golofnau gwahanol gylchgronau yw hwn. Mae'r honiadau mor gyffredinol, maent yn wir am bawb. Yr ydym yn barod i dderbyn datganiadau sy'n ein canmol, er efallai nad ydynt yn gwbl wir. Does dim byd negyddol yma. Yr ydym yn derbyn unrhyw beth sy'n cyfateb i'n darlun ni ohonom ein hunain ac yn ddiarwybod, yn gwaredu unrhyw beth nad yw'n cyfateb.

Mae rhai pobl yn methu deall mai eu barn nhw am bobl eraill a'u beirniadaeth ohonynt yw'r mynegiant cliriaf o'u cymeriadau nhw eu hunain a'u diffygion.

Pan fyddwn yn pwyntio bys at rywun arall, mae tri bys yn pwyntio yn ôl atom ni.

Does dim un carchar sy'n fwy diogel na'r un yr ydym yn ei adeiladu i ni'n hunain.

Hanes y gof

Y mae sôn am of medrus iawn a oedd yn grefftwr da, ac yn gofalu fod popeth yr oedd yn ei wneud o'r safon uchaf. Yn anffodus, torrodd un o ddeddfau ei wlad ac fe'i cymerwyd i'r carchar a'i osod mewn cadwynau. Roedd yn hyderus, dim ond iddo edrych ar bob dolen yn y gadwyn, y byddai'n dod ar draws yr un wan ac yn gallu dianc o'r cadwynau. Ond pa mor fanwl bynnag yr edrychai, nid oedd yn gallu dod o hyd i'r un ddolen wan. A wedyn, deallodd ef paham – ef ei hun oedd wedi gwneud y gadwyn.

Hanes y teithiwr

Yr oedd dyn yn teithio yn hwyr y nos yn ei gar, yng nghanol cefn gwlad, pan gafodd olwyn fflat. Agorodd gist y car, ond cael nad oedd ganddo jac i godi'r car er mwyn newid yr olwyn. Yr oedd yn noson olau a draw ar fryn gerllaw, gwelodd dŷ a dyma fe'n penderfynu mynd i ofyn a allai gael benthyg jac i godi'r car. Ar y ffordd, dechreuodd feddwl.

Mae'n hwyr. Mae'r perchennog siŵr o fod yn ei wely. Fydd e ddim yn hapus os yw'n cael ei ddihuno. Bydd e'n fwy anhapus byth os ydyw e'n gorfod mynd allan i'r garej i chwilio am jac. Rwy'n gwybod sut buaswn i'n teimlo pe bai rhywun yn dod i gnocio ar fy nrws i yn hwyr y nos. Buaswn i'n drwgdybio ei fod yn lleidr yn trio torri mewn i'r tŷ. Buaswn i'n amharod iawn i fynd allan o'r tŷ. Yn wir, buaswn i yn tueddu i gau'r drws yn wyneb rhywun oedd yn canu'r gloch arnaf yr amser yma o'r nos.

Erbyn iddo gnocio a bod y perchennog wedi dod i'r drws, yr unig beth oedd ganddo i'w ddweud oedd 'Cadwa dy blwmin jac' a cherddodd bant.

Byd y cysgodion

Yn yr un ffordd ag y mae gennym weithrediadau corfforol yr ydym yn ymwybodol ohonynt ac yn gallu eu rheoli fel cicio pêl, gyrru car, darllen ac ati, mae gennym hefyd weithrediadau meddyliol yr ydym yn gallu eu rheoli – siarad, dychmygu, rhesymu.

Ond yn yr un ffordd ag y mae gennym weithrediadau

corfforol nad oes gennym reolaeth drostynt – anadlu, cysgu, curiad calon, mae gennym hefyd weithrediadau meddyliol tebyg – y chwistrelliad o adrenalin pan fyddwn yn teimlo dan fygythiad, y straeon yr ydym yn eu creu er mwyn cyfiawnhau gweithred ar ôl i ni ei chyflawni.

Enw cyffredin ar y cymhellion meddyliol cudd hyn yw 'yr isymwybod'.

Un ffordd o feddwl am yr isymwybod yw fel carchar â llawer o gelloedd. Mae rhai o'r celloedd yn llwyd a rhai ohonynt yn gelloedd tywyll, du.

Fel mewn carchar yr ydym yn cloi'r meddyliau hyn mewn cell a chan feddwl eu bod yn ddiogel, yn ceisio anghofio amdanynt. Ond anghofiwn hefyd eu bod yn rhan ohonom ac yn mynnu dylanwadu ar yr hyn ydym.

Mae gan bob un ohonom gysgodion mewnol a pho fwyaf yr ydym yn ceisio ymbellhau oddi wrthynt, tywyllaf y cysgod.

– Carl Jung

Pan oeddem yn blant, doedd dim carchar, ond bob yn dipyn cawsom ein dysgu i greu carchardai yr ymwybod.

Ein teimladau

Erbyn heddiw y farn wyddonol yw bod gennym ugain neu ragor o deimladau, e.e. mae Siapaneaid yn cydnabod y teimlad pan fydd rhywun yn gwneud cymwynas â ti nad wyt ti ei heisiau.

Yn draddodiadol yr ydym yn adnabod pum teimlad, teimladau naturiol sy'n ymwneud â'n lles mewnol ac eto, gyda phob un ohonynt yr ydym wedi cael ein dysgu, yn blant, bod rhaid eu cuddio, eu rheoli, rhaid inni beidio na'u dangos na'u mynegi.

Galar sy'n caniatáu i ti ffarwelio â rhywun neu rywbeth pan nad wyt ti'n dymuno gwneud hynny. Mae'n ffordd o ddygymod â cholled, ac yn ffordd o leddfu'r tristwch a ddaw o golled. Mae'n beth naturiol a'i bwrpas yw gwella dolur hiraeth. Felly mae'n bwysig gadael i alaru a llefain gyflawni eu gwaith a pheidio rhwystro hyn drwy ddisgwyl i blentyn yn arbennig 'fod yn ddewr' a pheidio gollwng dagrau.

Dicter sy'n caniatáu i ti ddweud 'Na! Dim diolch'. Does dim rhaid iddo fod yn ddilornus na'i fod yn gwneud drwg i neb arall. Eto mae'n bwysig gadael i blentyn fynegi dicter a pheidio ei gladdu yn fewnol lle gall droi'n ffyrnigrwydd.

Mae **eiddigedd** (*jealousy*) yn deimlad naturiol. Dyma sy'n dy gymell i fod cystal â rhywun arall, i ymdrechu i fod yn well, i gadw i fynd nes i ti lwyddo. O beidio mynegi eiddigedd, gall droi yn genfigen (*envy*) ac y mae hwn yn deimlad negyddol sy'n arwain at ddrwg.

Ofn sy'n dy rybuddio i fod yn ofalus. Mae'n ein cadw ni'n fyw. Mae ofn yn fynegiant o gariad atat ti dy hun. Rhaid mynegi ofn a bod yn barod i ddysgu ganddo. O geisio cuddio ofn neu beidio teimlo ofn, y perygl yw y gall droi yn banic a'n parlysu.

Cariad yw'r mwyaf o'r emosiynau. O'i rannu neu o'i dderbyn dyma ffynhonnell pob llawenydd. Ond mae cynifer o reolau, deddfau, defodau, gwaharddiadau, amodau a chyfyngiadau wedi'u hadeiladu o gwmpas cariad mae'n cael ei gyfyngu'n llym. Y perygl wedyn yw bod cariad yn troi yn rhywbeth i'w feddiannu, ei berchnogi a'i reoli; (gw. hefyd **Cariad Duw**, t. 140).

Ond os ydym wedi cuddio'r teimladau ynom ni ein hunain, sut y gallem eu cydnabod?

Gallem eu hadnabod ynom ni, yn y ffordd yr ydym ni yn condemnio'r pethau hyn mewn pobl eraill:

Mae popeth sy'n ein cythruddo am bobl eraill yn ffordd i ni ddeall mwy amdanom ni ein hunain.

– Carl Jung

Yr ydym yn defnyddio'r cysyniad yr ydym wedi'i greu amdanom ni ein hunain i osgoi wynebu'r hyn ydym mewn gwirionedd.

– Carl Jung

Fel yn achos yr alcoholig, neu rywun sy'n ordew, y cam cyntaf yw wynebu a chydnabod y sefyllfa – ond yn achos y teimladau hyn y peth pwysig yw gwneud hyn *heb* deimlad o euogrwydd.

Un o ganlyniadau cuddio'r pethau hyn yw ein bod yn eu hofni ac yn ofni'r canlyniadau pe baem yn eu gollwng allan o'r carchar. Ond o'u cydnabod, mae'r ofn yn diflannu, ac y mae'r pethau y mae pobl eraill wedi dweud wrthym eu bod yn wendidau yn gallu cael eu troi gennym yn gryfderau (fel yn achos ein teimladau uchod).

Meddylia am sylw'r Fam Teresa. Gofynnodd rhywun iddi rywdro paham roedd hi'n gwneud y gwaith yr oedd hi'n ei gyflawni ym Mumbai, y gwasanaeth rhyfeddol o gariad a gofal a thosturi. Ei hateb oedd:

Gwnaf yr hyn a wnaf gan y gwn fod yna Hitler y tu mewn i mi.

Ers i ddyn ddechrau cofnodi ei feddyliau y mae wedi gofyn yr un cwestiynau a dod i'r un casgliadau. Yn achos China ac India, y mae'r cofnodion hyn yn ymestyn i gyfnodau filoedd o flynyddoedd cyn Cyfnod Crist.

Problem gyffredinol i ni heddiw yw bod ffrwyth y myfyrdodau hyn ddim ond ar gael mewn ieithoedd ac ieithwedd sy'n cynnwys darluniau a ffyrdd o feddwl sy'n ddieithr iawn i ni sy'n byw filoedd o flynyddoedd wedi hynny.

Cwestiwn sy'n codi wedyn yw, wrth gyfieithu'r hen, hen eiriau i iaith gyfoes, a ddylem hefyd edrych ar y straeon/trosiadau a ddefnyddiwyd er mwyn newid yr hen drosiadau yn drosiadau/syniadau cyfoes?

Ystyriwn un o'r problemau sydd wedi poeni dynion ar hyd y milenia.

Paham ydwyf i'n gwneud pethau yr wyf yn difaru eu gwneud ac na fyddwn yn dymuno i unrhyw un arall eu gwneud i fi?

Pechod yw'r hen air am hyn, ond erbyn heddiw mae gennym rai geiriau mwy cyfoes:

1	2	3
Problemau Cymdeithasol	Problemau Meddyliol	Problemau Crefydd
'Caethiwed'	'yr Isymwybod'	'Pechod'
alcohol	rhyw	lladd
cyffuriau	dicter	godinebu
smygu	iselder	lladrata
pornograffi	stres	dweud celwyddau
gamblo		cenfigennu

Mae'r atebion yn hynod o gyson ar hyd yr oesoedd er bod y geiriau yn wahanol.

Cam 1 Adnabod y broblem
Cam 2 Derbyn yn agored, *heb feio fy hun*, bod y rhain yn rhan ohonof fi:

Cydnabod	Cydnabod bod yna	Cyffesu
Fy mod yn gaeth i –	bethau rwy'n eu	i offeiriad
	cuddio oddi wrthyf fy hun	holi 'arbenigwr'

Cam 3 Gwneud rhywbeth positif

'Derbyn Cyngor'	'Chwilio am yr ochr bositif' i'r nodwedd	'Derbyn rhywun fel patrwm' neu fodel
mewn grŵp	mewn grŵp	mewn eglwys
gan arbenigwr	gan seiciatrydd	mewn grŵp crefyddol

- Sylweddoli nad oes neb yn berffaith.
- Derbyn pwy wyf fi am yr hyn yr wyf fi.
- Sylweddoli nad oes neb yn fwy teilwng o'm caredigrwydd na mi fy hun.
- A thrwy fod yn garedig i mi fy hun yn gyntaf, bydd gennyf garedigrwydd y gallaf ei estyn i eraill sydd yr un mor frau eu hyder â fi.

Yr oedd caplan yn y fyddin yn ymbaratoi i ddychwelyd i'r rhyfel yn y Dwyrain Canol gyda'i gatrawd. Yr oedd yn dioddef o ryw dyndra meddyliol ac wrth drafod dychwelyd gyda'i bennaeth, a oedd wedi sylwi bod rhywbeth yn bod, gofynnodd ei bennaeth iddo ymweld â seiciatrydd. Yr oedd y peth yn wrthun i'r caplan; onid ei waith ef oedd cynnig cyngor a chysur i'w gyd-filwyr yn y gatrawd? Ond fe gytunodd, yn erbyn ei ewyllys.

Yr oedd y seiciatrydd yn adnabod yn y caplan symptomau anhwylder pryder ôl-drawmatig (*Post-traumatic Stress Disorder*). Gofynnodd iddo, 'Pe bai gennyt gyfle i eistedd dan goeden ger nant fach dawel ar ddiwrnod braf, pwy fyddet ti'n ei ddewis yn gymar i siarad ag ef?' Ateb y caplan oedd 'Iesu Grist'. 'A beth ddywedai ef wrthyt ti?' gofynnodd y seiciatrydd.

'Rwy'n maddau i ti,' meddai'r caplan.

Ffrwyth fy nychymyg fy hun wyf i

Swyddogaeth ein hymennydd yw adnabod patrymau.

Yr ydym yn argyhoeddedig mai'r patrymau fel y gwelwn ni nhw yw'r gwir batrymau, ac y mae unrhyw un sy'n gweld y byd yn wahanol yn rhagfarnllyd ac yn anghywir.

Yr ydym yn gallu gweld hyn ar waith mewn pobl eraill, ond wrth gwrs nid yw'n wir amdanaf fi.

Rwy'n cydnabod bod hyn yn digwydd, *ond dydw i ddim yn derbyn ei fod yn digwydd i fi.*

Mae ein rhagfarnau yn gorwedd mor ddwfn yn ein hisymwybod fel nad ydym yn gallu eu cyrraedd. Mae ein geiriau yn adrodd y pethau yr hoffem i bobl feddwl amdanom ni, ond nid wrth eu geiriau y mae adnabod pobl.

I'r rhan fwyaf ohonom mae'r meddwl yn ddrych sy'n adlewyrchu, mwy neu lai yn gywir, y byd y tu allan i ni. Nid ydym yn sylweddoli mai'r meddwl ei hun sy'n creu'r darlun o'r byd.
– Rabindranath Tagore

'Wrth eu gweithredoedd yr adnabyddir hwy'

Os wyt ti am adnabod rhywun yn iawn, yn hytrach na gwrando ar yr hyn mae'n ei ddweud, sylwa ar yr hyn mae'n ei wneud.

Diolch i'r cyfryngau torfol, yr ydym yn gwybod mwy am weithredoedd pobl amlwg heddiw nag erioed o'r blaen. Fel pobl sy'n gwneud pethau nad ydym yn falch ohonynt, gallwn gydymdeimlo â rhai ohonynt, gan ddiolch nad yw'r cyfryngau yn edrych mor fanwl ar ein bywydau cyffredin ni.

Yr hen wirebau yw:

Pan gyll y call, fel gyll ymhell.

Mae dyn mawr yn suddo ymhellach i gors na dyn bach.

neu

There but for the grace of God go I!

I ble mae troi?

Y dystiolaeth yw mai'r patrymau mae fy ymennydd yn eu hadnabod amdanaf fi yw'r rhagfarnau, y credoau, y syniadau a'r camdybiaethau y mae pobl eraill wedi'u dweud wrthyf fi.

Mae'r pethau yr ydym yn eu cofio, yn aml, yn bethau yr ydym wedi gweld lluniau ohonynt, neu yn straeon a glywsom gan rieni neu frodyr a chwiorydd. Rhyw rith-gof ar y gorau yw ein cof amdanom ni ein hunain. Mae arbrawf ar ôl arbrawf yn dangos bod modd creu atgofion ffug ym meddyliau pobl.

O ran pa mor gywir neu anghywir yw'r darlun a grëwyd gennym allan o hyn oll amdanom ni ein hunain – mae'n amherthnasol.

Problem pobl eraill yw beth maen nhw'n meddwl amdanaf fi, nid fy mhroblem i.

Unwaith mae'r stori wedi'i sefydlu yn yr isymwybod, mae'r ymennydd yn dethol unrhyw bethau sy'n cadarnhau'r darlun ac yn anwybyddu unrhyw beth nad yw'n cydymffurfio. Mae'r dystiolaeth a gasglwyd yn yr ysgrifau hyn am y ffordd y mae'r ymennydd yn gweithio yn dangos:

Os nad yw'r darlun y mae pobl eraill wedi'i greu ohonof fi yn un yr wyf yn fodlon ag ef – **gallaf newid y darlun** – ond:

Nid wyf yn gallu newid y darlun drwy'r hyn yr wyf yn ei ddweud

Nid wyf yn gallu newid y darlun drwy'r hyn yr wyf yn ei feddwl

Nid wyf yn gallu newid y darlun drwy'r hyn yr wyf yn ei deimlo

Yr unig ffordd rwy'n gallu newid y darlun yw trwy yr hyn yr wyf yn **ei wneud**.

Casgla'r dystiolaeth sy'n dangos dy fod yn llwyddo.

Camau bach cyson sy'n allweddol (fel ymarfer offeryn) a phaid â digalonni.

'Gwnewch y pethau bychain'

(Cred ynot ti dy hunan. Os wyt ti'n meddwl y gelli di. Neu os wyt ti'n meddwl na elli – *ti sy'n iawn.*)

Yn awr! (canys does dim Amser arall)

Ystyria:

Os wyt ti'n dyheu am rywbeth – os wyt ti'n gweddïo amdano – hapusrwydd, cariad, cwmni, parch, ac ati, rwyt ti'n cadarnhau *nad* wyt ti'n meddu ar y pethau hyn – *ti sy'n iawn.*

Yn hytrach na hynny, os ei di allan ac estyn y pethau hyn i bobl eraill sy'n teimlo nad yw'r pethau hyn ganddyn nhw, **yr wyt ti'n profi fod y pethau hyn gennyt yn barod** – *ti sy'n iawn*, nid yn unig hynny ond yr wyt ti'n dyblu'r hyn sydd gennyt wrth ei estyn i rywun arall.

If you chase the money, it's not gonna work. And if you chase success, it's not gonna work. You just have to chase whatever you want to be, but live it as if it is happening now. Act as if you're already there, and it'll fall into place.

– Cyngor Syr Anthony Hopkins ar ôl adrodd hanes ei broblemau wrth fyfyrwyr yn America

4

Y meddwl dynol eto

Effaith blasebo

Mae'r effaith blasebo yn deillio o'r hyn y mae rhywun yn meddwl sy'n digwydd iddo yn hytrach na'r hyn sy'n digwydd mewn gwirionedd.

Cofnodir, yn 1890, hanes meddyg oedd wedi chwistrellu dŵr yn hytrach na morffin i gorff y claf. Gwellodd y claf yn iawn, ond y rheswm yr ydym yn gwybod am hyn yw oherwydd bod y claf, ar ôl dysgu beth oedd wedi digwydd, wedi gwrthod talu am y driniaeth ac wedi mynd â'r meddyg i'r llys, ac ennill yr achos.

Pan fu gwyddonwyr yn profi meddyginiaethau newydd, yr arfer (yn y gorffennol) oedd cymharu sut oedd y feddyginiaeth newydd yn cymharu â phlasebo (pilsen gwbl ddiniwed o siwgr). Archwiliwyd sampl mawr o'r profion hyn gan gymharu dim ond y data'n ymwneud â'r defnydd o blasebos. Yr hyn a wnaeth Daniel Moerman (y gŵr a luniodd y prawf) oedd cymharu lefel y gwellhad mewn grŵp a oedd yn cymryd dwy bilsen blasebo y dydd at wella briw'r stumog â chanlyniadau grŵp arall oedd yn cymryd pedair pilsen blasebo'r dydd at y briw, a chanfod fod cymryd pedair plasebo'r dydd yn fesuradwy fwy effeithiol na chymryd dim ond dwy.

Ar ben hyn y mae gwyddonwyr wedi mesur effaith lliw'r

pils plasebo ar wellhad y cleifion a hyd yn oed effaith y bocs y mae'r pils wedi'u lapio ynddo ar gyflymdra gwellhad.

Roedd capsiwls (cyfrwng mwy modern) yn fwy effeithiol na thabledi yn cynnwys yn union yr un faint o'r cyffur.

Yr oedd chwistrellu heli i'r gwaed yn gweithio llawer yn well na thabledi plasebo fel ffordd o wella pen tost.

Er nad yw siwgr na heli yn dda i ddim ar gyfer gwella pen tost, yr oedd chwistrelliad yn cael ei ystyried yn ymyrraeth fwy grymus na philsen.

Ac yn ben ar y cyfan, cymharwyd aspirin â phlasebo ond hefyd aspirin a phlasebo mewn bocs plaen, rhad ag aspirin a phlasebo mewn bocs lliwgar, masnachol. A thra bo aspirin yn fwy effeithiol na phlasebo, yr oedd aspirin mewn bocs masnachol lliwgar yn fwy effeithiol nag aspirin mewn bocs plaen.

Ynfydrwydd yw honni bod aspirin mewn bocs masnachol yn well nag aspirin mewn bocs plaen am wella cur pen gan mai'r un yw'r aspirin. Ond yn anffodus mae'n wir.

Hanes Quesalid

Gan mlynedd yn ôl dechreuodd Indiad o Ganada o'r enw Quesalid gofnodi ei amheuon am waith dynion hysbys y wlad, y siamaniaid. Cafodd hyd i un o'r dynion hyn a oedd yn barod i'w dderbyn yn ddisgybl. Dysgodd driciau'r siaman ac yn eu plith roedd yr arfer o guddio ychydig o blu mân iawn yn ei geg, ac ar anterth gwyrth o wella, gnoi ei wefus a dod â'r plu gwaedlyd o'i geg fel petai'n cael gwared ar ddrwg o gorff y claf. Yr oedd ganddo nawr yr wybodaeth angenrheidiol i ddadlennu'r twyll.

Fel rhan o'i brentisiaeth bu raid iddo ymweld â chlaf yr oedd ei deulu wedi breuddwydio am Quesalid fel ei iachawr. Cwblhaodd y cast, ond cael ei syfrdanu a'i sobri pan wellodd y claf. Er ei fod yn amau llawer o'i gyd-siamaniaid, parhaodd Quesalid yn ei waith o iacháu y cleifion ar hyd ei oes hir.

Mae'r effaith blasebo yn ymwneud â'r ffordd y mae meddwl unigolyn yn ymateb i'r pethau mae wedi eu dysgu, am y diwylliant mae'n rhan ohono a'r ffordd y mae'r ymennydd yn dehongli'r holl signalau mae'n eu derbyn. Yn ein diwylliant ni y mae ansawdd a phecynnu moddion yn cynnig signalau, felly hefyd ymagwedd meddyg ac ymddiriedaeth y claf yn y meddyg.

Ond erbyn hyn mae meddygon wedi canfod ochr negyddol effaith blasebo. Wrth geisio bod yn gwbl onest a rhybuddio cleifion am sgileffeithiau posibl cymryd meddyginiaethau, er mor anaml yr effeithiau, mae defnyddwyr y feddyginiaeth yn meddwl o ddifrif eu bod yn dioddef o'r sgileffeithiau hyn er nad oes unrhyw dystiolaeth feddygol bod hyn yn digwydd.

Gwybod, deall a dirnad

Yr ydym ni'n gwybod mwy na nhw ond maen nhw'n deall mwy na ni.

Dyma sylw athrawes yn dilyn ymweliad ag ysgolion yn un o wledydd tlawd Affrica.

Yr hyn sy'n fwy peryglus na diffyg deall yw meddwl ein bod yn deall pan nad ydym yn deall.

Y prif rwystr i ganfod ystyr yw nid anwybodaeth, ond ein rhith-wybodaeth, sef yr holl ffeithiau a data sydd gennym.

Gallem gasglu gwybodaeth am unrhyw faes dan haul. Nid ydym yn gwybod pa mor gywir yw'r wybodaeth yn anffodus, ac y mae pobl yn medru ein camarwain yn gymharol rwydd.

Sylw un myfyriwr a holwyd a oedd am fod yn feddyg oedd,

'Na, does dim byd cyffrous yn hynny, erbyn hyn mae'r claf yn gwybod mwy am ei gyflwr na finnau.'

Mae'r ymennydd (h.y. yr ydym ni) wrth ei fodd gyda gwybodaeth gyffrous am anffodion pobl eraill, manylion sy'n newid yn gyflym ac yn ysgogi chwilfrydedd, tra bo gwybodaeth haniaethol, ddigyffro yn ein diflasu.

Y canlyniad yw bod newyddion yn camliwio'r byd. A'r gwir yw bod y rhan fwyaf ohono yn amherthnasol.

Mae gennym ormod o wybodaeth, sy'n ein harwain i feddwl ein bod yn deall pan mai'r hyn sydd gennym, mewn gwirionedd, yw rhesi o eiriau gwag heb unrhyw ddirnadaeth o beth yw ystyr ac arwyddocâd y geiriau hynny.

Yr ydym yn gwybod mwy a mwy am lai a llai nes yn y diwedd byddwn yn gwybod y cyfan – am 'dim'.

Dr David Kelly (1944–2003)

Dyma ŵr y bûm yn gyd-ddisgybl iddo yn Ysgol Ramadeg y Bechgyn Pontypridd, a'r gŵr a gafodd ei erlyn nes cymryd ei fywyd ei hun am ryddhau gwybodaeth oedd yn dangos ei fod yn amheus a oedd gan Saddam Hussein yr arfau difaol yr oedd llywodraethau yr Unol Daleithiau a Phrydain Fawr yn honni eu bod ganddo.

Y dyfyniad allweddol gan George W. Bush oedd: 'The British government has learned that Saddam Hussein recently sought significant quantities of uranium from Africa.'

Yr unig gyfiawnhad dros oresgyn Irac oedd bod Saddam Hussein yn datblygu arfau niwclear.

Yn sgil y goresgyniad daeth yn glir nad oedd gan Saddam yr adnoddau i gynhyrchu arfau niwclear, ac nid oedd wedi ceisio prynu wraniwm o Affrica.

Dyma drychineb fwyaf y byd yn ddiweddar ac un yr ydym yn dal i dalu'n ddrud amdani. Trychineb yn deillio o feddwl bod gan y rhai mewn awdurdod fwy o wybodaeth nag oedd ganddyn nhw mewn gwirionedd.

Siaradodd David Kelly'r gwir, fel sy'n cael ei ddatgelu yn Adroddiad Chilcot, ac fe dalodd amdano â'i fywyd.

Gormod o ddim nid yw dda

Mae gennym fwy o ddewis heddiw nag a fu erioed. Mwy o sianeli teledu, mwy o ddewis o ffonau symudol, mwy o ddewis o wahanol fwydydd. Dyma un o fesurau llwyddiant ein hoes ni. Ond, tra bod cael dewis yn gwella ansawdd bywyd, mae gormod o ddewis yn amharu ar ei ansawdd.

Mewn archfarchnad yn America dangoswyd dau ddwsin o wahanol fathau o jam. Yr oedd gan gwsmeriaid yr hawl i brofi faint a fynnen nhw a derbyn gostyngiad ar unrhyw rai a brynent. Y diwrnod wedyn cyfyngwyd y dewis i ddim ond hanner dwsin o wahanol jamiau. Y canlyniad oedd i'r archfarchnad werthu ddengwaith mwy o jam ar yr ail ddiwrnod na'r diwrnod cyntaf. Parhawyd yn yr un ffordd gyda bwydydd eraill a'r un oedd y canlyniad. Gyda dewis mor eang, yr oedd y cwsmeriaid yn methu penderfynu ac yn gadael heb brynu dim.

Gyda chymaint o ddewis, sut y gelli di fod yn sicr dy fod wedi gwneud y dewis gorau?

Mae gormod o ddewis yn ein blino, yn creu ansicrwydd ac amheuaeth, ac yn ein diflasu.

Gwir ddoethineb yw sylweddoli cyn lleied a wyddom am fywyd, amdanom ein hunain ac am y byd o'n cwmpas.

– Socrates (c. 470 CC–399 CC)

Ble mae'r doethineb a gollwyd mewn gwybodaeth,
Ble mae'r wybodaeth a gollwyd mewn hysbysrwydd,
Ble mae'r hysbysrwydd a gollwyd mewn data?

Er mwyn bod yn wybodus rhaid casglu gwybodaeth. Er mwyn bod yn ddoeth, rhaid cael gwared ar wybodaeth.

– Anhysbys

Prin yw'r rhai sy'n gweld â'u llygaid eu hunain ac yn teimlo yn eu calonnau eu hunain.

– Albert Einstein

Gwybod ac adnabod

Os ein hymateb cyntaf i bethau yw 'rwy'n gwybod hyn', neu 'rwy'n credu hyn', ystyriwch:

Y mae'r rhan fwyaf o bethau yr ydym yn eu gwybod yn bethau y mae pobl eraill wedi'u dweud wrthym ni, nid ydynt mewn gwirionedd yn bethau yr wyf *fi* wedi'u profi nac yn bethau yr wyf *fi* yn eu gwybod.

– Anhysbys

Mae llawer o hyn yn deillio o'r ffaith mai iaith yw cyfrwng traddodiadol dysg. Iaith oedd y dull a ddefnyddiwyd i adrodd yr hen straeon a 'gwirioneddau'. Y broblem gydag iaith yw nad yw llawer o'r geiriau 'pwysicaf' a ddefnyddiwn yn golygu dim byd! Nid geiriau yw'r gwirionedd, arwyddion neu symbolau yn unig yw geiriau sy'n sefyll yn lle'r gwirionedd. Gall geiriau fod yn gymorth i ddeall ond gallant hefyd gael eu camgyfieithu, eu camddehongli a'u camddeall.

Pan edrychi di ar goeden a dweud 'dyma dderwen' neu 'dyna helygen', mae enwi'r goeden yn deillio o wybodaeth fotanegol ac yn cyflyru'r meddwl i'r graddau bod y gair yn dod rhyngot ti a gwir weld y goeden. Er mwyn creu cyswllt â'r goeden rhaid gosod dy law arni, ac nid yw'r gair yn gymorth i'w chyffwrdd.

– Rabindranath Tagore

Hoffwn feddwl bod **adnabod** yn Gymraeg yn symud y tu hwnt i **gwybod**, er mwyn ymgorffori'r syniad o 'brofiad' o rywun neu rywbeth.

Os yw iaith yn dwyllodrus, ble arall y gellir troi?

Rwy'n clywed ac yn anghofio
Rwy'n gweld ac rwy'n cofio
Rwy'n gwneud ac rwy'n deall
Rwy'n profi ac rwy'n gwybod.

Profiad yw unig ffynhonnell gwybodaeth.

– Albert Einstein

Ni fyddi di'n wir gertmon nes iti droi'r drol

Yr ydym yn byw o fewn diwylliant sy'n chwilio, pan fydd methiant, am rywun neu rywbeth i'w feio. Ond mae biolegwyr yn pwysleisio bod datblygiad dynolryw yn seiliedig ar allu dynion i ddatrys problemau a dygymod â methiannau. Yn groes i'r hyn a ddisgwylir, mae gwendidau yn gyfleoedd, a methiannau yn agor drysau llwyddiant. Yr unig wir fethiant yw torri calon heb geisio llwyddo.

Dyn doeth

Ifan oedd y gŵr y byddai pawb yn y pentref yn troi ato os oedd angen gair o gyngor. Un diwrnod gofynnodd bachgen ifanc iddo beth oedd yn ei wneud e mor ddoeth. 'O, fy marn ddiogel, rwy'n credu,' meddai Ifan. 'Wel, sut y dysgoch chi'r farn ddiogel yma?' gofynnodd y bachgen. 'Oddi wrth fy nghamgymeriadau,' meddai Ifan.

Yn ôl yr hanes, y mae cyn-Arlywydd America, Bill Clinton, yn chwilio am gyfle bob dydd i ddweud 'yr oeddwn yn anghywir' ac yna darganfod paham yr oedd yn anghywir.

O gau'r drws ar bob camsyniad dyma gau'r drws hefyd ar bob gwirionedd.

Dydw i ddim yn gwybod

Yr oedd cymydog yn adrodd ei hanes imi. Pan oedd yn ifanc prynodd hen gar gyda'r bwriad o'i gywiro a'i adnewyddu. Yr oedd yn gwybod rhyw ychydig am beiriant car ac yn hyderus y byddai'n gallu dysgu digon i gwblhau'r gwaith. Daeth cyfaill i'w dad a oedd yn beiriannydd da iawn heibio a phan welodd y car gofynnodd beth oedd e'n ei wneud, a wedyn gofyn i'm cyfaill faint oedd e'n ei wybod am geir. Yn hytrach nag ateb fel y byddai'r rhan fwyaf ohonom, ei fod e'n gwybod eithaf tipyn, atebodd, 'Dim!'

'Iawn,' meddai'r gŵr. 'Dangosaf iti beth i'w wneud a sut i'w wneud. Pe baet ti wedi ateb dy fod yn gwybod tipyn, fyddwn i ddim wedi cynnig helpu. Byddai'n cymryd gormod o amser imi ddod i wybod beth oeddet ti'n ei wybod, beth nad oeddet ti'n ei wybod, ac i gywiro'r pethau anghywir.'

'Dydw i ddim yn gwybod' yw un o'r atebion grymusaf ond anoddaf sydd i'w gael i agor drysau i fydoedd newydd o wybodaeth – y pethau nad oeddet ti'n gwybod nad oeddet ti'n eu gwybod. Ond wrth gwrs, yn y diwylliant sydd ohoni nid yw'n ateb derbyniol, a rhaid weithiau gadw'r peth yn dy feddwl dy hun neu ddewis gyda phwy y mae rhannu dy anwybodaeth.

Yr unig ddyn na wnaeth gamgymeriad erioed oedd y dyn na wnaeth ddim.

Unwaith y cyfaddefir hyn, mae cyfrifoldeb i chwilio am ateb. A'r ffordd orau i wneud hynny yw dod o hyd i rywun sy'n gwybod yr ateb, ac sy'n barod i'w rannu gyda thi mewn ffordd y gelli di ei deall.

Mae meddyliwr cyson yn berson difeddwl, oherwydd ei fod yn glynu wrth batrwm; mae'n ailadroddus ac yn meddwl mewn rhigol.

Pan fydd gan ddyn ddim ond un erfyn – morthwyl, mae pob problem yn hoelen.

– Anhysbys

Adborth

Dyma un ffordd o waredu camgymeriadau a gwella cywirdeb, h.y., sylwi ar yr hyn sydd wedi digwydd o'r blaen, dadansoddi beth oedd yn mynd o'i le a newid y ffordd yr wyt ti'n gwneud pethau'r tro nesaf.

Yn achos meteoroleg (rhagweld patrymau'r tywydd), mae'n hen arfer edrych ar y rhagolygon blaenorol a dysgu oddi wrth eu canlyniadau, gyda'r canlyniad bod rhagolygon y tywydd yn rhyfeddol o gywir erbyn hyn.

Yn achos diogelwch awyrennau a hedfan, mae pob un yn gyfartal o ran adnabod camgymeriadau, a disgwylir i unrhyw un o griw awyren godi cwestiwn os yw'n amau bod rhywbeth yn bod, a hynny ar unwaith. Ategir hyn gan y ffaith na roddir parasiwt i beilotiaid awyrennau cludo teithwyr!

Yn ôl y dystiolaeth, nid felly ym maes meddygaeth gyfoes lle mae'r llawfeddyg yn ben os nad yn unben ac ni ddisgwylir i neb ei gwestiynu.

Cwmni Toyota

Mae hanes y cwmni ceir Toyota yn wers. Llwyddodd i werthu ei geir a'i enw da dros y byd ar sail ei obsesiwn yn datrys problemau yn y man a'r lle fel yr oeddynt yn digwydd. Pan fyddai rhywbeth yn mynd o'i le ar linell gydosod y ceir yr oedd gan unrhyw weithiwr yr hawl i ganu cloch. Y cwestiwn di-baid oedd 'Pam? Pam? Pam?' nes cyrraedd craidd y broblem. Os oedd yn broblem fawr, byddent hyd yn oed yn atal y llinell gydosod. Ond ym mhob achos byddent yn dod o hyd i ateb parhaol.

Newidiwyd y cyfan pan benderfynodd Toyota eu bod am fod yn brif gynhyrchydd ceir y byd. Anwybyddwyd rhybuddion o lawr y gweithle a cheisiwyd atebion i broblemau heb holi yn gyntaf paham yr oedd y broblem wedi codi. Y canlyniad oedd gorfod ad-dalu perchnogion 10 miliwn o geir a wynebu rhyferthwy o achosion llys am iawndal a cholli enw da.

Gair newydd yw adborth am yr hen syniad o sylwi ar yr ymateb pan fyddi di'n ymwybodol yn newid rhywbeth yr wyt ti wedi bod yn ei wneud yn ddifeddwl am flynyddoedd.

Adborth hefyd yw gwrando ar yr ymateb a geir wrth ystyried y berthynas sy'n codi rhwng Fi a Ti.

Mor effeithiol oedd arfer Rhufain yr hen fyd yn mynnu bod y peirianwyr a luniodd y bont yn sefyll dani pan agorwyd hi.

Mae cydnabod a chroesawu methiant a chyfaddef anwybodaeth yn gwbl groes i'r ffordd y mae ein cymdeithas gyfoes yn cael ei threfnu –

Yr ydym yn gwerthfawrogi'r hyn yr ydym yn ei fesur yn hytrach na mesur yr hyn yr ydym yn ei werthfawrogi.

Dysgu ac addysgu

Po fwyaf yr ydym yn ceisio mesur, rheoli a gosod pwyslais ar ddysgu (*learning*) o'r tu allan, mwyaf y rhwystrir dysgwyr rhag ymateb mewn ffordd bositif a chyfranogi o'r broses o ddysgu eu hunain. Mae gwerthuso, gosod targedau, cynnig 'gwobrau' a rhoi'r dysgwr dan bwysau yn creu dulliau addysgu (*teaching*) a dysgu sy'n gwbl groes i ddysgu (*learning*) o ansawdd uchel, dysgu sy'n mynd i bara, nad yw'n arwynebol ac sy'n cydgysylltu'r cyfan a ddysgir.

Deddf Goodhart

Yn ôl rheol economaidd a elwir yn 'ddeddf Goodhart':

> Cyn gynted ag y byddwch chi'n ynysu darn o system er mwyn mesur pa mor effeithlon yw'r system, mae'n peidio mesur effeithlonrwydd y system.

Y rheswm syml yw bod pob un yn y system – meddygon, heddweision, athrawon ac ati yn canolbwyntio ar yr un darn hwnnw ar draul popeth arall ac yn fwriadol neu'n anfwriadol, yn ystumio ystadegau er mwyn cyrraedd y targedau.

> Wrth gwtogi amser aros cleifion sy'n disgwyl triniaeth y galon, mae mwy o bobl yn marw o glefydau'r ysgyfaint.

> Wrth gofnodi troseddau difrifol, ailystyrir beth yw trosedd ddifrifol, gan hepgor y rhai a ystyrir yn droseddau llai difrifol.

> Er mwyn gwella ystadegau canlyniadau arholiadau plant, ni chaniateir i blant llai galluog sefyll yr arholiadau.

> Er mwyn cyrraedd targedau ynglŷn â faint o amser mae claf yn gorfod aros cyn gweld meddyg mewn ysbyty, cedwir cleifion mewn ambiwlansys y tu allan i'r ysbyty.

Arholiadau a phrofion

Mewn unrhyw brawf cyffredinol sy'n dosbarthu sgôr ymhlith croestoriad o bobl sy'n sefyll y prawf, bydd yr ateb yn edrych fel a ganlyn:

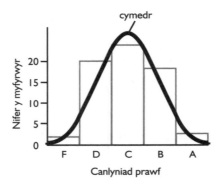

Ceir yr argraff bod llawer iawn o ymdrechion addysg ar hyn o bryd yn ceisio dod o hyd i ffordd i ystumio'r graff.

Y ffordd symlaf o wneud hyn yw galw F yn D, C yn B, B yn A, ac A yn A*.

Honnir bod papurau Lefel O ddeugain mlynedd yn ôl yn anos na rhai Lefel A heddiw, a bod papurau gradd mewn Mathemateg heddiw yn haws na hen bapurau Mathemateg Lefel A.

Troi dŵr yn hufen

Mae'r awdur Isaac Bashevis Singer yn adrodd hanes pentref lle'r oedd prinder hufen sur i wneud *blintzes*, bwyd traddodiadol a oedd yn angenrheidiol ar drothwy dathlu gŵyl arbennig yn y pentref.

Bu henaduriaid y dref yn pendroni beth i'w wneud, nes i un ohonynt gynnig ateb. Gwnawn ddeddf – o hyn ymlaen bydd dŵr yn cael ei enwi'n 'hufen sur' a hufen sur yn 'ddŵr'.

Y canlyniad oedd na fu prinder o hufen sur, ond bod rhai gwragedd yn achwyn nad oedd ganddynt ddigon o ddŵr.

Ond problem arall oedd honno, un i'w hystyried ar ôl yr ŵyl!

Arholiad

Yr ydym yn treulio mwy o amser yn pwyso'r mochyn na'i fwydo.
– Athrawes

Dyma'r ffordd gyffredinol sy'n cael ei defnyddio i fesur pa mor effeithiol yw ein system addysg. Mae'n gwneud hynny drwy ynysu un elfen addysgol, 'gwybodaeth', ac yn mynd ati i fesur faint y mae plant yn ei 'wybod'.

Gwybod am beth felly? I ddechrau dim ond ychydig o bethau – darllen, ysgrifennu, gwneud symiau. Ond wrth i'r syniad gael gafael mae'n dangos yn glir beth sy'n digwydd pan ynysir un darn o'r system i fesur pa mor effeithiol yw'r system gyfan.

Er mwyn bod yn ystyrlon, rhaid i bob corff sy'n cael ei arholi gael ei fesur yn union yr un meysydd. Rhaid felly greu rhestr o'r meysydd a arholir (cwricwlwm), a rhaid i bob corff ddilyn yr un cwricwlwm. Rhaid fod pob corff yn cael ei fesur yn ôl yr un raddfa, ac er tegwch i bawb, rhaid i bob un wybod ym mha ffordd y bydd meysydd y cwricwlwm yn cael eu mesur.

Os yw'r corff yn dymuno cael ei ystyried yn gorff llwyddiannus, rhaid dysgu'r meysydd a benodir mewn ffordd sy'n mynd i gwrdd â gofynion yr arholiad. Mae methu dysgu'r maes mewn ffordd sy'n cwrdd â gofynion yr arholiad yn cael ei gyfrif yn fethiant. A does dim lle i ysgolion nac athrawon sy'n methu.

Mae'r cylch yn awr wedi'i gyfannu; y dull o fesur y system *yw'r* system sy'n cael ei mesur.

Er mwyn i hyn lwyddo, rhaid wrth drefn, rhaid cael rheolaeth dros y cyfan. Rhaid datblygu dulliau mesur mwy effeithiol a rhaid mireinio'r cwricwlwm i adlewyrchu dulliau newydd o fesur effeithiolrwydd a llwyddiant.

Ar ben hynny, nid yw'n ddigon i fesur effeithiolrwydd y system ddwywaith neu dair yn ystod oes plentyn, rhaid ehangu'r system er mwyn sicrhau bod plant a phobl ifanc o oed meithrin i'r brifysgol yn cael eu mesur yn rheolaidd.

Yn ganlyniad i hyn i gyd mae gennym anferth o hierarchaeth o arbenigwyr mesur addysg – Gweinidog Addysg, Adrannau, Cyfarwyddwyr, Ymgynghorwyr, Arbenigwyr, ac ati, ac ati, a'r rhain i gyd yn cael eu cyflogi i wella canlyniadau system sy'n mesur effeithlonrwydd addysg.

Yn anffodus, *nid yw'n bosibl i'r system lwyddo.* Mae'n seiliedig ar gamdybiaeth.

Ond pwy mewn system mor fawr, mor rymus, mor awdurdodol, mor hunanhyderus ac mor gyfoethog fyddai'n barod i gydnabod hynny?

Y dull cyfoes yw defnyddio'r dulliau soffistigedig mae'r arbenigwyr mesur wedi'u datblygu. Mae'r mesurau hyn yn dangos yn glir mai methiant y rheiny sydd fwyaf ynghlwm wrth addysg – yr athrawon a'r dysgwyr – sy'n gyfrifol am fethiannau'r system.

Ond y gwir yw mai'r system ei hun a'r bobl sy'n gyfrifol amdani sydd wrth wraidd y drwg.

Ends are no longer considered; only the skilfulness of the process is valued. This also is a form of madness.

– Bertrand Russell

A oes ateb arall?

Mae'r ateb ynghudd mewn paradocs – y cwestiwn *yw*'r ateb.

Nid yw'n bosibl datrys problem drwy ddefnyddio'r un broses a greodd y broblem yn y lle cyntaf.

Os gwnei di'r hyn rwyt ti wedi arfer ei wneud, fe gei di'r hyn rwyt ti wedi arfer ei gael.

Rhaid canfod yn gyntaf – beth yw'r cwestiwn.

Y wers fawr gan bobl sydd wedi gwneud darganfyddiadau sydd wedi newid ein bywydau yw mai'r gyfrinach fawr i ddarganfod ateb i unrhyw broblem yw canfod y cwestiwn sydd angen ei ofyn.

Pan ofynnwyd i Albert Einstein beth fyddai'n ei wneud pe bai ganddo awr i achub y byd, ei ateb oedd, 'Buaswn yn treulio pum deg pump o funudau yn diffinio'r broblem a dim ond pum munud yn ei datrys.'

Pe medrem ddeall y broblem byddai'r ateb yn deillio ohoni. Nid yw'r ateb yn bodoli ar wahân i'r broblem.

Yn achos briw ar y stumog (wlser), yr ateb traddodiadol oedd mai pwysau meddyliol a gormod o asid yn y stumog oedd yn ei achosi, ac y mae'r gred yn dal yn fyw heddiw. Ond yn 1981 gwnaeth Awstraliad o'r enw Barry Marshall sylwi ar facteria yn y stumog, mewn lle y credid nad oedd yn bosibl i facteria fodoli oherwydd cryfder yr asid sydd yn y stumog. Treuliodd amser yn archwilio'r bacteria a chanfod mai dyma oedd yn achosi briw yn y stumog. Ond oherwydd y diwydiant oedd wedi tyfu o gwmpas trin briwiau stumog a'r cyffuriau gwrth-asid oedd yn cael eu gwerthu, cymerodd ymdrech aruthrol i newid y ffordd o drin yr anhwylder yma.

Ein cyneddfau

Dysg a dawn: paham y mae angen cymaint o ymdrech i ddysgu pethau?

Mae gennym gyneddfau naturiol sydd wedi caniatáu i ni fel bodau dynol oroesi, sef y ffordd mae ein cyrff yn gweithio a'r ffordd mae'r ymennydd yn gweithio. Dros gyfnod ein hesblygiad yr ydym wedi addasu'r cyneddfau hyn i gyflawni pethau newydd. O ran gallu'r corff er enghraifft, sut i chwarae pêl-droed, neu ganu'r feiolín. O ran gallu'r ymennydd, sut i chwarae gwyddbwyll, sut i adio, lluosi a gwneud Mathemateg a Gwyddoniaeth.

Er mwyn medru gwneud y pethau hyn, rhaid cymhwyso cyneddfau nad ydynt wedi'u bwriadu ar gyfer y gwaith a'u 'gwyro' i gyflawni'r tasgau newydd hyn. Y rhyfeddod yw bod modd defnyddio'r cyfundrefnau hyn i gyflawni pethau newydd a gwahanol. Ond nid yw'n rhwydd, a dyna paham mae'n rhaid wrth ymarfer i gyflawni'r pethau hyn.

Darganfu'r Athro K. Anders Ericsson o Brifysgol Florida, wrth ymchwilio i'r hyn sydd ei angen er mwyn perfformio unrhyw sgìl ar y lefel uchaf, bod rhaid wrth ddeng mil awr o ymarfer i gyrraedd meistrolaeth arbenigwr a gydnabyddir ar lefel fyd-eang mewn unrhyw faes. Dyma'r casgliad ar ôl archwilio arferion cyfansoddwyr, chwaraewyr pêl-rwyd, awduron, pianyddion, meistri gwyddbwyll ac eraill. Mae'n cyfateb i dair awr o ymarfer y dydd neu ugain awr o ymarfer yr wythnos dros ddeng mlynedd. Dyma faint o amser sydd ei angen ar yr ymennydd i gymathu y cyfan sydd ei angen i gyrraedd gwir feistrolaeth.

Darllenwch:

Yn ôl ychwmliwyr ym Mhyfirsgol Cwraeagrnt deos dim gawahinaeth ym mha dfren y mae llrthynneau yn ymongddas mwen giar. Yr uing beth piwysg yw bod y llerythyn gntayf a'r llryethyn oalf yn eu lle. Fe all y gweiddll fod yn gmyesygdd llywr ac fe awllch eu dellran yn rhywdd.

Er mwyn medru darllen hwn yr wyt ti wedi treulio dros ddeng mil awr yn ymarfer darllen er mwyn cyrraedd y lefel yma o feistrolaeth. Y broblem yw nad oeddet ti'n ymwybodol mai ymarfer sgiliau darllen oeddet ti pan oeddet ti'n darllen pacedi creision amser brecwast, comic, papur newydd, catalog, e-bost ac ati.

Rseeacrh has sohwn it deosn't mttaer in waht oredr the lttrees in a wrod are, the olny iprmoatnt tihng is taht the fsirt and lsat lteter be at the rghit pclae.

Dysg a dawn: iaith

Dawn gynhenid yw medru siarad iaith. Nid felly darllen iaith nac ysgrifennu iaith, rhaid dysgu sut i'w gwneud.

Hanfod dysgu unrhyw sgìl yw:

1. gwybod y rheolau,
2. efelychu,
3. ymarfer.

Eto, fe erys dirgelwch. Yn dilyn holl waith arbenigwyr (dros ganrifoedd erbyn hyn) ar ddadansoddi ieithoedd ac adnabod a dosbarthu holl ramadeg a ffurfdroadau cynifer o ieithoedd, yr oedd ysgolheigion yr ugeinfed ganrif yn hyderus y byddent yn medru canfod strwythurau sylfaenol iaith, fel rhan bwysig o ddatblygiad deallusrwydd artiffisial peirianyddol.

Ond, er gwaethaf pob ymdrech mae grŵp o arbenigwyr yn y maes – ieithyddion, biolegwyr, anthropolegwyr, arbenigwyr ym maes cyfrifiadureg – wedi cyhoeddi *bod medru iaith yn rhan o'r genom dynol a'u bod wedi methu canfod gwreiddiau esblygiadol iaith*. Rhaid dechrau o'r dechrau eto.

Mae siarad iaith yn sylfaenol wahanol i ddarllen ac ysgrifennu iaith.

O ran darllen mae'r broses mor debyg yn Gymraeg a Saesneg fel y gellir addasu sgiliau darllen y naill iaith at y llall yn gymharol rwydd.

Nid felly ysgrifennu Cymraeg.

Mae ysgrifennu Cymraeg yn *gwbl, gwbl wahanol* i ysgrifennu Saesneg neu unrhyw un o ieithoedd mawr y cyfandir. Mae'r Gymraeg yn iaith ffurfdroadol (iaith sy'n creu ffurfiau drwy newid trefn llythrennau). Mae'r Saesneg wedi colli ei ffurfdroadau, ond mae'n bosibl yn Gymraeg i greu ffurfiau drwy newid ffurf y gair a thrwy ychwanegu terfyniadau; ystyriwch:

- ffurfiau lluosog enwau: *erydr, dagrau, ceir, cŵn, chwiorydd*
- ffurfiau berfol: *erys, chwarddaf, ei di, gwn i, arddodd*
- ffurfiau ansoddeiriol: *mwy, gwell, hacraf, gwlyped, braith, blong*
- arddodiaid: *ohonof, amdanat, iddi, arnynt*
- a'r bwgan mwyaf ohonyn nhw i gyd, Y Treigladau.

Yn gyffredinol nid yw hyn yn cael ei gydnabod yn y broses o ddysgu iaith, ac yn bendant nid yw'n cael ei gydnabod mewn geiriaduron sy'n cyflwyno'r iaith (gyda rhai eithriadau ymhlith geiriaduron yr awdur hwn!).

Ychwanegwch at hyn y ffaith nad yw cenedlaethau o

athrawon sy'n dysgu Cymraeg wedi derbyn hyfforddiant yn y rheolau chwaith. A'r unig ateb sydd ar ôl wedyn yw 'defnyddiwch y glust'!

Yr ateb cyfoes yw ceisio anwybyddu'r rheolau a dilyn arferion yr iaith lafar a hynny yn aml yn dilyn patrymau cyffredin Saesneg.

Awgrymaf, er nad yw'n rhwydd, fod dysgu ysgrifennu Cymraeg yn haws na dysgu darllen Saesneg, oherwydd bod rheolau cyson y tu ôl i ysgrifennu Cymraeg (yn wahanol i sillafu geiriau Saesneg). Mewn iaith sydd wedi cael ei chofnodi am fil o flynyddoedd a rhagor (fel y Gymraeg) y mae patrymau cydnabyddedig wedi'u datblygu a elwir yn Gymraeg *safonol/cywir/llenyddol*. Mae'n fwy ceidwadol na'r iaith lafar sy'n esblygu, ond mae'n ymgorffori model syml, y gellir ei ddysgu, o'r ffordd y mae iaith gymhleth yn gweithio.

Ers dyddiau Owen Morgan Edwards, mae pwyslais addysgwyr ar hyrwyddo a datblygu patrymau'n seiliedig ar Gymraeg llafar. Un canlyniad, er enghraifft, oedd 'Cymraeg Byw' a ddiorseddwyd gan ymdrechion beirdd ac awduron fel T. Llew Jones.

Mae iaith lafar yn esblygu. Cynhyrchir cannoedd o wahanol ffurfiau a chedwir y ffurfiau sy'n gweddu orau i gyfnod a chymuned arbennig. Mae'r lleill yn marw. Canlyniad ymddangosiad ffurfiau newydd dros gyfnod hir o amser yw iaith wahanol (fel yn achos ieithoedd y cyfandir a esblygodd o'r Lladin), ond hefyd tranc iaith os nad yw'r iaith yn cwrdd ag anghenion pobl. Gwelir hyn ar waith heddiw yn y ffordd y mae dysgu Cymraeg i oedolion yn gwahanu drwy ddilyn patrwm iaith lafar y Gogledd a iaith lafar y De. Canlyniad hyn, dros gyfnod o amser, yw y bydd i'r iaith wanhau fel y mae wedi gwneud yn Iwerddon a Llydaw. Gwrthgyferbyniad i'r pwyslais ar iaith lafar yw'r ffordd y mae'r Beibl Cymraeg wedi gwrthsefyll effeithiau esblygiad llafar. Erbyn heddiw, beirdd y canu caeth sy'n cadw'r fflam ynghyn (ym marn yr awdur hwn).

Y broses o ddysgu

Mae'r broses ddysgu yn dilyn y patrwm:

Cymedr yn llyfn

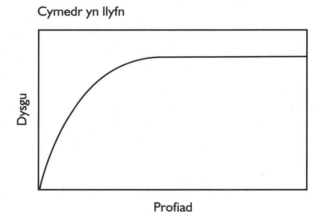

Profiad

Mae yna gysonyn mathemategol sy'n cadarnhau hyn, sef *cysonyn Pareto*:

- Mae modd meistroli 80% o'r maes ag 20% o ymdrech.
- *Ond* mae meistroli'r 20% sy'n weddill yn gofyn am 80% yn fwy o ymdrech.

Yn fras, mae hyn yn dangos bod dysgu yn broses gyflym iawn i ddechrau ond ei bod yn cymryd llawer iawn mwy o amser wedyn i feistroli'r hyn a ddysgir.

Mae'r graff yn dangos faint sy'n cael ei ddysgu yn yr ugain awr cyntaf, a'r amser hir sydd ei angen wedyn er mwyn datblygu'n wir feistr.

Mae Josh Kaufman yn rhestru'r camau cychwynnol i ddysgu sgìl i lefel y gellir cyflawni rhywbeth ag e.

1. Dewisa faes yr wyt ti'n awyddus i'w ddysgu.
2. Canolbwyntia ar yr un maes hwnnw.
3. Ystyria – beth wyt ti am ei gyflawni, pa lefel wyt ti eisiau ei chyrraedd?
4. Torra'r camau dysgu i lawr i'r camau lleiaf posibl.
5. Gwna'n sicr bod yr offer/deunydd angenrheidiol wrth law.
6. Ceisia gael gwared â phob rheswm dros beidio ymarfer.
7. Gwna amser i ymarfer (20 munud ar y tro gan sicrhau dy fod yn treulio 20 munud lawn yn ymarfer).
8. Paid ag anelu at fod yn berffaith. Gwna gymaint ag y gelli mor gyflym ag y gelli di heb aberthu techneg (y ffordd gywir o sefyll, dal rhywbeth ac ati) gan wybod na fydd yn 'berffaith'.
9. Er mwyn cyrraedd lefel dda mae angen 90 munud o ymarfer y dydd (dim i gyd ar yr un tro o raid) ac ymrwymiad i gyflawni 20 awr o ymarfer dros gyfnod o rai wythnosau.

Y neges yw y gellir dysgu unrhyw beth ond rhaid bod yn barod i fuddsoddi 20 awr o amser ymarfer. Wrth fynd drwy'r broses, bydd rhaid penderfynu:

A wyt ti wedi dysgu digon i dy blesio di?

A wyt ti'n dymuno bod yn feistr yn y maes?

Ynglŷn â bod yn feistr yr ydym yn ôl gyda'r cwestiwn sylfaenol: beth wyt ti eisiau mewn bywyd?

O ran ymarfer plentyn

Os ydych chi am adeiladu llong, peidiwch â mwstro pobl i gasglu coed, peidiwch â rhannu gwaith a gosod tasgau i bob un ond dysgwch nhw i hiraethu am ehangder anferthol y môr.

– Antoine de Saint-Exupéry

Canmolwn *ymdrechion* plentyn yn hytrach na'i allu: 'Da iawn ti, mae'n rhaid dy fod wedi gweithio'n galed iawn i wneud 'na!'

Mae canmol llwyddiant yn unig, yn rhyfedd iawn, yn gwneud i blentyn ofni methu y tro nesaf, gyda'r canlyniad nad yw mor barod i fentro.

Mae canmol ymdrechion yn ysgogi plentyn i fentro heb ofni'r canlyniadau, a thrwy hynny yn osgoi'r problemau o 'fethu'. Hefyd, bydd y plentyn yn fwy tebygol o geisio ateb problemau, mwynhau wynebu problemau a cheisio'u hateb yn ei amser ei hun.

Mae gorfodaeth yn lladd awydd.

Mae pwysau yn cynyddu rhwystredigaeth.

Mae gorfodi ymarfer yn hurt.

Nid yw uchelgais rhieni yn unrhyw fath o gymhelliad.

Mae dwrdio gan athro yn llesteirio symud ymlaen, mae'n niweidiol, ac yn gallu gadael ei ôl am oes.

Mae cynnig gwobrau neu dâl am ymarfer yn gwneud pethau'n waeth: mae'n golygu dy fod ti'n gwthio'r plentyn i wneud rhywbeth nad yw'n dymuno'i wneud. Mae'n golygu dy fod yn gorfodi dy ddymuniadau di ar y plentyn, sy'n gwrthwynebu hyn.

Rhywbeth llawer iawn anos yw ysgogi a chynnal yr awydd i feistroli.

Dychymyg

Am bethau y tu hwnt i'n profiadau ni, hwn yw un o'n cyneddfau grymusaf.

Un o ffeithiau niwrowyddoniaeth yr unfed ganrif ar hugain yw'r casgliad mai ffrwyth ein dychymyg yw popeth yr ydym yn ei brofi.

Y peirianwaith ymenyddol sy'n dehongli negeseuon ein llygaid, ein clustiau ac organau synhwyro eraill y corff, yw'r union beirianwaith sy'n cynhyrchu ein breuddwydion, ein camdybiaethau a methiannau'r cof.

Ein dychymyg sy'n creu'r ddamcaniaeth, boed honno'n batrwm y sêr fel y gwelodd yr hen Roegiaid, neu'r ddamcaniaeth wyddonol fod popeth wedi'i greu allan o egni.

Yn wyddonol, yr ydym yn ymddiried yn y ddamcaniaeth hyd nes ei bod yn methu. Ynglŷn â 'gwirioneddau' mawr bywyd, yn draddodiadol fe'u hystyriwyd yn ddigyfnewid ac yn absoliwt. Y mae'r cyffroadau mawr sy'n digwydd o fewn ein cymdeithas heddiw yn deillio (yn rhannol o leiaf) o'r ffaith nad yw pobl yn credu bod yr hen wirioneddau yn wirioneddau absoliwt.

Dychymyg

Gorau dawn dynolryw
I wneud yr hyn nad ydyw.

– Dic Jones

Gwreiddioldeb a chreadigrwydd

Ni ellir disgwyl datrys problem drwy ddefnyddio'r un ymwybyddiaeth neu'r un patrymau â'r rheiny a greodd y broblem yn y lle cyntaf. Rhaid dysgu gweld y byd o'r newydd.

Ond sut mae gwybod beth sy'n newydd a beth sy'n perthyn i'r hen ffyrdd o ddatrys pethau?

Gorsaf fysiau Helsinki: arhoswch ar y bws!

Yn ôl y ffotograffydd Arno Rafael Minkkinen, mae dau ddwsin o wahanol safleoedd ac y mae mwy nag un bws yn gadael yr un safle. Am un cilometr mae pob bws yn dilyn yr un ffordd ac yn aros yn yr un safleoedd. Mae pob arhosfan yn cynrychioli blwyddyn ym mywyd creadigol artist. Ar ôl tair blynedd bydd gennyt gorff o waith yn debyg i artistiaid eraill sydd wedi teithio ar hyd yr un ffordd. Y perygl yw i ti gael dy ddadrithio a mynd yn ôl i ailddechrau ar fws arall. Y wers yw, ar ôl teithio'r cilometr cyntaf mae'r bws yn troi i ffyrdd gwahanol a llawer mwy diddorol. O droi yn ôl a chychwyn ar fws arall, yr un fydd y canlyniad.

Mae'n ddameg sy'n gweddu â syniadau eraill, e.e. rhaid i ti brofi gwirioneddau drosot dy hunan, nid dibynnu ar yr hyn mae pobl eraill yn ei ddweud wrthyt ti. Hefyd mae angen treulio amser yn ymarfer er mwyn meistroli techneg. Y paradocs yw mai ymarfer, plygu i'r rheolau a meistroli'r rheolau sydd yn dy ollwng yn rhydd.

Athrylith iaith

Nes na'r hanesydd at y gwir di-goll
Ydyw'r dramodydd, sydd yn gelwydd oll.

– R. Williams Parry

Nodir rhai o'r problemau sy'n codi wrth ddefnyddio iaith mewn un dimensiwn yn y ffordd linynnol sy'n gyfrwng i naratif neu reswm. Ond nid dyna'r unig ffordd o'i defnyddio. Mae'n ymddangos i mi fod gennym yn Gymraeg enghraifft odidog o ffordd amgen.

Yn y traddodiad o ganu caeth a chynganeddu, nid yw'n bosibl adrodd hanes drwy ddethol y geiriau sy'n arwain yn anochel at y casgliad rwyt ti ei eisiau, oherwydd mae'n rhaid i'r geiriau a ddewisir blygu i drefn wahanol i drefn rheswm ac amser. Trefn sydd wedi cael ei datblygu a'i mireinio dros ganrifoedd lle mae'r geiriau'n newid ond nid felly'r strwythur sy'n eu cynnal.

Unwaith eto, mae gwrth-ddweud ymddangosiadol ar waith. Y rheolau a'r mesurau caeth y byddet ti'n disgwyl iddynt gaethiwo'r awen yw'r adenydd sy'n ei gollwng yn rhydd. Ond wrth gwrs, mae'r frawddeg fach honno yn cuddio'r bwlch o amser ac ymdrech y mae'n rhaid wrthyn nhw i ddysgu'r rheolau, i ymarfer y grefft, ac i werthfawrogi camp y meistri. Rhaid derbyn hefyd, fel ym mhob maes, mai ychydig o eneidiau mawr creadigol a geir ymhlith llu o grefftwyr.

Mae'n broses sy'n creu darlun lle mae profiad yr unigolyn sy'n ei glywed/darllen yn gallu ychwanegu lliw ac ystyr i'r darlun, ond hynny mewn ffordd na ellir newid un gair o'r iaith heb ddistrywio'r cyfan.

Y Gŵr sydd ar y Gorwel

Nid eiddil pob eiddilwch,
Tra dyn, nid llychyn pob llwch;
Ac am hynny, Gymru, gwêl
Y gŵr sydd ar y gorwel,
Y miniog ei ymennydd,
Y ffŵl anfeidrol ei ffydd.

– Gerallt Lloyd Owen

Miserere

Na'm gofid mae gofid gwaeth – mi a wn,
  Ym mynwes dynoliaeth,
Ond nid yw lon galon gaeth
Am un arall mewn hiraeth…

Pa les cwmnïaeth wresog, – na geiriau
  Cyfeillgarwch oriog?
Ni ŵyr neb na Thir na n-Og
Na gwae mud ei gymydog…

Ymlaen, er na wn ymhle, – mae gemog
 Gwmwl hardd ei odre,
Uwch y niwl a düwch ne',
Darn o'r haul draw yn rhywle.

– Dic Jones

Celf

Mewn gwaith celf y mae artist yn barod i rannu â ni ei brofiadau dyfnaf. Profiadau nad ydym ni wedi'u profi ein hunain efallai, ond trwy athrylith creadigol yr artist, profiadau sy'n ennyn ynom ymateb newydd.

Stori Tomos

Mae yna stori am deulu bach o lygod yr ŷd oedd wrthi'n ddiwyd yn casglu hadau a mes a chnau ar gyfer y gaeaf. Wel – nid pawb chwaith.

Eisteddai un o'r llygod, Tomos, yn dawel yn ymyl y cae a golwg freuddwydiol ar ei wyneb. Pan ofynnwyd iddo beth oedd e'n ei wneud dywedodd, 'O, rwy'n casglu glas yr awyr, lliwiau a phersawr y blodau, cân yr adar a sŵn y nant.'

Y gwir yw bod y llygod yn meddwl mai tipyn o bwdryn oedd Tomos. 'Dere, Tomos bach, neu fydd gen ti ddim bwyd erbyn y gaeaf.' Ond dal i freuddwydio wnaeth Tomos.

Pan ddaeth y gaeaf, yr oedd gan y llygod ddigon o fwyd, ond yr oedd hi'n rhy wlyb neu yn rhy oer i fynd allan ac roeddynt yn gaeth yn eu nyth tywyll. A dechreuodd Tomos adrodd ei straeon wrthyn nhw. Straeon am gynhesrwydd yr haf, am yr adar yn hedfan yn yr awyr las, am liw a phersawr y blodau a chân y nant. Yr oedd Tomos yn storïwr penigamp ac yr oedd y llygod bach yn gallu gweld y pethau hyn yn eu dychymyg ac yn breuddwydio amdanyn nhw pan fydden nhw'n mynd i gysgu.

Fel yr oedd Tomos yn rhannu ei straeon gyda nhw, roedd y llygod yn barod iawn i rannu eu bwyd gyda Tomos am yr holl bethau hardd yr oedd e'n gallu dod iddyn nhw yng nghanol oerfel a thywyllwch y gaeaf.

Argyfwng

Mewn sefyllfa o argyfwng, mae'r ymennydd yn canolbwyntio mor drwyadl ar y model a'r patrymau mae'n eu hadnabod, mae'n methu gweld y data sy'n rhoi gwybodaeth wahanol ond mwy cywir o'r amgylchfyd.

Fel y teithiwr oedd ar goll ac a daflodd ei gwmpawd i ffwrdd oherwydd nad oedd yn dangos ble roedd yn meddwl ei fod e, ac felly ei fod wedi torri!

Mae Laurence Gonzales, arbenigwr ar sut i oroesi yn anialdiroedd y byd, yn cyffelybu dyn i joci bach (= rheswm) ar gefn march grymus (= emosiwn).

Mewn argyfwng mae'r joci a'r march mewn caets yn barod i gael eu rhyddhau. Os nad yw'r joci (rheswm) yn llwyddo i gadw rheolaeth ar y march (emosiwn), mae'r march mewn lle cyfyng yn mynd i wneud niwed i'r joci. Os gall y joci gadw'r march dan reolaeth yn y caets, bydd y march yn ei gludo yn ei flaen mewn ffordd aruthrol o rymus a chyflym pan agorir drws y caets.

Y wers sylfaenol mewn sefyllfa o argyfwng yw: *arhosa, ymbwylla*! Paid â rhuthro i wneud dim byd. Y peth cyntaf i'w wneud yw edrych ar y sefyllfa a dadansoddi yr hyn yr wyt ti'n ei weld, nid yr hyn y mae ofn yn ei greu.

Ofn

Yr ydym yn ofni colli rhywbeth yn fwy nag yr ydym yn gwerthfawrogi ennill rhywbeth. Mae colli £100 yn creu mwy o bryder na'r hapusrwydd a geir o ennill £100.

Mae drwg yn fwy grymus na da.

Mae wynebau bygythiol ar stryd yn amlycach na rhai cyfeillgar.

Yr ydym yn cofio'r drwg a wneir inni yn hwy o lawer na'r daioni.

Mae ofn fel tân – gall goginio dy fwyd, gall gynhesu dy dŷ, ond gall hefyd dy losgi di a'th dŷ yn ulw.

Y peth pwysig cyntaf yw darganfod beth rwyt ti'n ei ofni, a'i ddeall yn hytrach na dianc rhagddo.

Ofn methu sydd yn aml yn ein cadw rhag ymdrechu i wneud yr hyn a ddymunem.

Mae llwyddo yn golygu ymrwymo i amser a dyfalbarhad, pethau yr ydym yn gyndyn i (yn ofni) ymgymryd â nhw. (Gw. cyngor **Syr Anthony Hopkins**, t. 56)

Nid yw ofn yn bodoli ar ei ben ei hun, mae ofn bob tro ynghlwm wrth rywbeth – ofn yr hyn a ddigwyddodd ddoe ynghlwm wrth y posibilrwydd y gall ddigwydd eto yfory. Mae bob tro fan penodol sy'n fan cychwyn i'r berthynas.

Hiwmor

Nid yw anifeiliaid yn medru chwerthin. Mae'r gallu i chwerthin am ein pennau ein hunain yn bwysig oherwydd yn y diwedd mae'n gydnabyddiaeth mai meidrolion ydym ni ac er gwaethaf pob ymdrech ar ein rhan, marwolaeth yw ein tynged.

Mae'n bosibl bod yn hapus a thrwy hiwmor rannu'r hapusrwydd ag eraill, er gwaethaf ein tynged.

Mae pobl sy'n wynebu ofn a pherygl fel rhan o'u gwaith bob dydd – dynion tân, aelodau o'r heddlu, milwyr, ac ati – yn defnyddio hiwmor i chwalu ofn. I rywrai y tu allan i'r cylchoedd hyn, mae'n gallu edrych yn ddi-chwaeth ac yn rhyfygus efallai, ond mae gallu gwneud jôc am rywbeth sy'n achosi ofn mawr yn cynnig persbectif ar rywbeth sydd mewn perygl o fogi'r gallu i feddwl yn gall am y sefyllfa, ac yn cynnig ychydig o reolaeth dros yr ofn. Mae'n ffordd i unigolyn gadw rheolaeth ar sefyllfa a fyddai, fel arall, mewn perygl o'i foddi'n emosiynol.

Ffydd

… yw'r dewrder i ddyfalbarhau.

Dydw i ddim yn gallu gweld y gwynt ond rwy'n gallu ei deimlo.

Dydw i ddim yn gallu gweld trydan ond rwy'n gallu gweld beth mae'n ei wneud.

Dydw i ddim yn gallu gweld cariad ond rwy'n gallu teimlo ei effaith arnaf i.

Gofynnais am dusw o flodau hardd, cefais gactws hyll yn ddrain i gyd. Gofynnais am löyn byw prydferth, rhydd, cefais lyngyren hyll yn llysnafedd i gyd. Torrais fy nghalon.

Ymhen peth amser blodeuodd y cactws yn betalau llachar, gloyw, byw. O gocŵn y llyngyren, daeth degau o löynnod byw â'u hadenydd sidan amryliw yn sychu yn yr awel fwyn.

– Geiriau Chung-Ming Kao, a gofnodir yn *O'r Tŷ i'r Tŷ*

Charles Blondin

Yr oedd Charles Blondin yn arfer cerdded ar hyd rhaff uwchben Rhaeadrau Niagara. Weithiau, byddai'n gwthio whilber ar hyd y rhaff hefyd. A byddai'n gofyn i'r gynulleidfa fawr a oedd yn gwylio hyn a oedden nhw'n credu y gallai wthio person yn y whilber ar hyd y rhaff. Yr oedd y dorf yn dweud eu bod yn credu y gallai wneud hyn, ond pan ofynnodd i rywun eistedd yn y whilber, doedd neb yn barod i wneud.

Yr oedd pawb yn credu, ond dim ond rhywun â ffydd yn

Blondin a fyddai'n barod i fentro ei fywyd trwy gael ei wthio ar hyd y rhaff ar draws y Rhaeadrau.

Dŵr yn yr anialwch

Mae awdur a oedd wedi teithio yn anialdir Amargosa yn America yn adrodd am lythyr mewn tun a oedd yn hongian wrth fraich hen bwmp dŵr yng nghanol yr anialdir. Dyma'r llythyr:

Roedd y pwmp yma yn llawn pan adawais i fe. Ond cofia, cyn elli di bwmpio dŵr lan, rhaid iti roi potelaid o ddŵr i lawr y pwmp. Felly rwy wedi gadael potelaid o ddŵr o dan y garreg sydd o dy flaen di. Faint bynnag o syched sy arnat, paid er mwyn popeth ag yfed y dŵr sy yn y botel. Arllwys ddiferyn i'r pwmp i wlychu'r falf. Wedyn arllwys y gweddill i gyd ar ei ben i'r pwmp a dechrau pwmpio ar garlam. Ac fe gei di ddŵr. Cofia eto, paid ag yfed y dŵr sy yn y botel. Bydd ffyddiog ac fe gei di ddigon o ddŵr o'r dyfnder. Ac wedi i ti gael dy ddigon, llanw'r botel eto a'i rhoi yn ôl dan y garreg ar gyfer y teithiwr sychedig nesaf.

– Addasiad John Gwilym Jones

Neidio o'r trapîs

Sut y mae perfformwyr mewn syrcas yn llwyddo i neidio o un trapîs i'r llall?

Yr oedd meistr ar y trapîs yn dysgu pobl ifainc sut i neidio ar y trapîs uchel gan ddangos sut i neidio a sut i ddal y bar.

Daeth yr amser i un bachgen wneud y naid uchel ond yr oedd wedi'i barlysu gan ofn. Yr oedd yn methu symud, a dywedodd wrth y meistr,

'Sut ydw i'n mynd i wneud hyn, rwy'n methu symud.'

A dyma'r meistr yn rhoi ei law ar ei ysgwydd ac yn dweud, 'Beth y mae'n rhaid iti wneud yw taflu dy galon dros y bar yn gyntaf, a bydd dy gorff di yn dilyn.'

Dy galon yw cartref dy ffydd, dy galon yw lle y mae dy uchelgais yn byw; dilyna dy galon, bydd dy gorff yn dy ddilyn.

6

Gochelwch rhag...

Gormes awdurdod

Yn y rhestr o werthoedd sydd wedi cael eu hadnabod yn werthoedd cyffredin i ni fel dynoliaeth, ceir Awdurdod a Pharch sef ein parodrwydd i gael ein harwain, a pharchu arbenigwyr ac arweinyddion a dilyn eu rheolau. Dyma sail parch at awdurdod, a thraddodiad, ac arweinyddiaeth gadarn.

Rhaid ennill parch, ond y mae hanes yn dangos sut y mae unigolion ar hyd yr oesoedd wedi ceisio gorfodi awdurdod a pharch arnom.

Ar un ystyr dyma un o wersi hynaf y byd. Yn llyfr Genesis cawn wybod bygythiad y rhai sydd mewn awdurdod uwch. Os nad ydym yn ufuddhau, yr ydym yn cael ein diarddel o baradwys.

Y ffordd glasurol y mae 'awdurdod' yn gweithio yw darogan bod pethau yn mynd i fynd yn waeth cyn y byddant yn gwella.

Os ydyn nhw'n mynd yn waeth, bydd yr 'awdurdod' yn gywir ac wedi dy rybuddio ymlaen llaw.

Os bydd pethau'n well, bydd yr 'awdurdod' yn cymryd y clod am y gwelliant.

Gwadu ein deallusrwydd yw plygu i drefn awdurdod. Mae'n gymorth dros dro efallai i guddio ein problemau a'n hanawsterau; ond dwysáu'r broblem yw ceisio'i hosgoi gan golli ein rhyddid a'n hunanymwybyddiaeth ar y ffordd.

Mae llawer o astudiaethau sy'n mesur pa mor gywir yw barn arbenigwyr (llawfeddygon, economegwyr, meddygon, bancwyr, offeiriaid, gwleidyddion ac ati) a'u gallu i ragweld canlyniadau – niwed i'r ymennydd, gwerth cyfrannau, dadansoddiadau meddygol, neu farn wleidyddol am beth sy'n digwydd yn y byd – yn dangos:

Nid yw barn yr arbenigwr yn fawr gwell na barn pobl newydd i'r maes nad ydynt ond wedi derbyn ychydig o hyfforddiant.

Y gwahaniaeth mawr oedd bod yr arbenigwyr yn llawer iawn mwy hyderus bod eu casgliadau yn gywir (er nad oeddynt).

Gwnaeth Athro Seicoleg ym Mhrifysgol Pennsylvania, Philip E. Tetlock, astudiaeth o filoedd o ganlyniadau o'r hyn yr oedd 300 o arbenigwyr wedi ei ddarogan dros gyfnod o ugain mlynedd. Y canlyniad oedd eu bod yn gywir am lai na 50% o'r amser.

Y ddwy wers sy'n deillio o'r astudiaethau hyn yw:

1. Bod arbenigwyr yn llawer mwy hyderus (nid mwy cywir) yn yr hyn y maent yn ei ddarogan.

2. Oherwydd dy fod yn rhagori mewn un maes, nid yw'r rhagoriaeth honno yn ymestyn yn awtomatig i unrhyw faes arall.

Mae'n werth cofio bod bron y mwyafrif o 'arbenigwyr' yr ydym yn ymddiried ynddynt neu yn dibynnu arnynt am arweiniad yn cuddio y tu ôl i deitlau nad ydynt ond wedi bodoli am ychydig iawn o amser.

Un o'r ffyrdd gorau i adnabod awdurdod yw drwy ei wisg – siwt a thei, cot wen doctor, coron brenin, gŵn athro, coler gron ficer neu weinidog, lifrai swyddog.

Rhywun dwl sy'n barnu dyn
Heb weled ond ei bilyn.

– Sarnicol

Er gwaethaf awdurdod meddygon, yr oedd cyfnod pan fyddai wedi bod yn gallach i beidio mynd at y doctor, gan fod hylendid ac arferion gwael yn gwneud llawer iawn mwy o ddrwg nag o les.

'Teyrn' arall oedd capten awyren. Ni fyddai peilot yn meiddio amau'r capten. Erbyn hyn y mae capteiniaid ac is-beilotiaid wedi derbyn hyfforddiant ar sut i godi amheuon yn syth ac yn gyflym, ac y mae hyn wedi cyfrannu mwy at ddiogelwch hedfan mewn awyren na dim byd arall dros yr 20 mlynedd diwethaf.

Max Planck

Yn dilyn derbyn Gwobr Nobel am Ffiseg yn 1918, aeth Max Planck ar daith o gwmpas yr Almaen. Ble bynnag y cafodd wahoddiad, traddodai'r un ddarlith ar y fecaneg cwantwm newydd. Dros amser daeth ei yrrwr i wybod y ddarlith air am air. Ym Munich, cynigiodd, fel newid, y byddai ef yn traddodi'r ddarlith gan adael i'r athro wisgo het gyrrwr ac eistedd yn y rhes flaen. Traddodwyd y ddarlith yn berffaith, ond cododd athro ffiseg yn y gynulleidfa gan ofyn cwestiwn am y fecaneg i'r gyrrwr. Ymateb y gyrrwr oedd, 'Twt, twt, doeddwn i ddim yn disgwyl cwestiwn mor syml mewn dinas mor enwog. Mae mor syml rwy'n mynd i ofyn i'm gyrrwr ei ateb.'

Blue Sky July

Yn y llyfr *Blue Sky July*, mae Nia Wyn, mam ifanc o Gaerdydd, yn dysgu bod ei mab bach newydd ei eni yn dioddef o barlys yr ymennydd. Mae'r arbenigwyr meddygol yn ei rhybuddio na fydd yn gallu gweld, na chlywed na siarad, ac na ddaw byth i adnabod ei fam.

Gwrthododd y fam â derbyn hyn, ac y mae'r llyfr yn sôn am ei hymdrechion diarbed i ysgogi ymateb gan y plentyn bach. Ar ôl misoedd o ymdrech mae llaw y bychan yn symud, ar ôl misoedd lawer eto y mae'r bychan yn ymateb i oleuni, ac yn awr rai blynyddoedd yn ddiweddarach mae'n gallu mynd i'r ysgol.

Yr oedd gan y fam y dewrder i herio barn yr arbenigwyr, y dewrder i barhau i frwydro hyd yn oed pan oedd pethau'n edrych yn ddu, a'r dewrder i fynnu y gorau i'w phlentyn bach clwyfedig.

Llygaid gleision neu lygaid brown

Fel arbrawf gyda dosbarth o blant ysgol yn America, dywedodd yr athrawon wrth y dosbarth fod gwyddonwyr wedi darganfod bod plant â llygaid glas yn fwy galluog na phlant â llygaid brown. Yn eithaf buan, dechreuodd y plant llygaid glas dynnu at ei gilydd, dechreuon nhw wneud sbort am ben plant â llygaid brown, a dechreuon nhw fynnu hawliau a chymryd mantais ar y plant â llygaid brown.

Ar ôl rhai wythnosau, dywedodd yr athrawon wrth y plant fod y gwyddonwyr wedi gwneud camgymeriad, a'r gwir oedd bod plant â llygaid brown yn fwy galluog na phlant â llygaid glas. Ac ar unwaith yr oedd y plant â llygaid brown yn dechrau trin y plant â llygaid glas yn yr un ffordd ag yr oedd y plant llygaid glas wedi'u trin nhw, drwy dynnu at ei gilydd, gwneud sbort am eu pennau a hawlio bod yn gyntaf.

Wrth gwrs, doedd dim o'r naill beth na'r llall yn wir, ond yr oedd yn dangos pa mor barod yr ydym ni i fod yn gas i rai y tu allan i'r grŵp yr ydym ni yn perthyn iddo.

Gochelwch rhag barn y mwyafrif

'Dim ond pysgod marw sy'n symud gyda'r llif,' meddid, ond un o'r cyneddfau yr ydym wedi'i hetifeddu yw symud gyda'r dorf.

Hanner can mil neu ragor o flynyddoedd yn ôl, wrth hela bwyd gyda gweddill y llwyth, pe bai'r lleill yn dechrau rhedeg nerth eu traed a fyddet ti yn aros yn stond er mwyn penderfynu ai bwystfil rheibus oedd yn rhedeg atat neu anifail arall? Genynnau'r rhai a redodd gyda'i gilydd ac a ddihangodd sydd gennym ni. Ni chafodd y rhai na redasant gyfle i drosglwyddo'u genynnau nhw.

Mewn arbrawf enwog gan Solomon Asch yn y 1950au tynnwyd llinell ar bapur ac yna dair llinell arall, un yn llai, un yn hwy, a'r llall yr un hyd â'r llinell wreiddiol. Tasg i'r unigolyn oedd nodi pa linell oedd yr un hyd â'r llinell wreiddiol, tasg syml iawn y llwyddodd pob unigolyn yn yr arbrawf i'w chyflawni. Ond wedyn, cyflogwyd pump o actorion i ymuno â'r unigolyn (heb yn wybod iddo) ac un ar ôl y llall rhoddodd yr actorion yr un ateb anghywir, yn dynodi'r llinell leiaf. Y tro yma, yr oedd traean o'r unigolion yn yr arbrawf yn dynodi'r un llinell â'r pum actor, er eu bod yn gwybod nad dyna'r ateb cywir.

Gwers o'r Talmud

Ystyriwch! Dros ddwy fil o flynyddoedd yn ôl, casgliad awduron dysgedig y Talmud (llyfr cyfreithiau yr Iddewon) oedd, pryd bynnag y byddai'r awdurdodau yn unfarn mewn achos yn arwain at ddienyddiad, y dylai'r euog gael ei ryddhau. A hynny oherwydd nad oedd neb yn y grŵp yn barod i feddwl mewn ffordd wahanol ac yn annibynnol ar weddill y grŵp.

Os wyt ti'n aelod o grŵp bach unfrydol ei farn, rhaid mynegi dy farn, er na fydd y grŵp yn gwerthfawrogi hynny. Os wyt ti'n arwain grŵp, penoda un aelod i herio casgliadau'r grŵp. Er na fydd yr aelod yn boblogaidd, efallai mai dyma'r aelod mwyaf gwerthfawr.

Gwallgofrwydd y dorf

Mae ymuno â'r mwyafrif yn gallu troi yn beth brawychus ac erchyll pan fydd grŵp mawr o bobl yn cyflawni, ar y cyd, weithredoedd na fyddai'r un ohonynt yn barod i'w cyflawni fel unigolyn. Yr hyn sy'n symbylu'r gweithredoedd hyn yw'r delfryd y byddant yn creu gwell byd na'r un yr ydym yn byw ynddo nawr. Y mae hyn wedyn yn datblygu yn ideoleg wleidyddol/grefyddol sy'n gorfodi traddodiadau ar bobl eraill, gan droi at drais, os bydd rhaid, er mwyn cyrraedd ei nod.

Delfrydiaeth oedd y tu ôl i'r Croesgadau, Rhyfeloedd Cyfiawn, y Chwyldro Ffrengig, rhyfeloedd cartref Rwsia a China, yr Holocost, Rhyfeloedd Fietnam a hil-laddiadau arweinyddion fel Stalin, Mao a Pol Pot ac ymgyrchoedd Isis a'r Taliban heddiw (heb anghofio bod gan wledydd y Gorllewin eu Crwsadau hwythau).

Doethineb y dorf

Mae doethineb y dorf yn deillio o gasglu syniadau a barn *unigol* gwahanol aelodau o dorf a chyrraedd casgliad sy'n seiliedig ar amrywiaeth eang o farn.

Yn Oes Fictoria, darganfuwyd bod darogan beth sy'n mynd i ddigwydd yn llawer mwy cywir pan fyddai sylwadau gan unigolion yn cael eu rhannu ac yna eu cyfartalu.

Yn wahanol i ddilyn y dorf lle mae pawb yn meddwl yr un peth, mae doethineb y dorf yn seiliedig ar gynnwys pobl sy'n gyfarwydd â'r maes dan sylw ond hefyd rai sy'n meddwl yn gwbl wahanol – meddylwyr gwreiddiol, ac y mae'n werth aberthu rhai arbenigwyr er mwyn cael rhai pobl sy'n meddwl am y pethau nad oes neb arall yn barod i'w hystyried.

Mae'r arbenigwyr yn tueddu i feddwl yn yr un ffordd. Ac fel y dywedir uchod, nid yw arbenigwr/arbenigwyr yn arbennig o dda am ddarogan – mae torf gymysg lawer yn well.

Gochelwch rhag cymysgu'r rhith a'r real

Yr oedd un gŵr doeth wedi penderfynu ymarfer mwy er mwyn colli pwysau. Yr oedd nifer o ddewisiadau ganddo – rhedeg, ond yr oedd rhedwyr yn ymddangos yn rhy denau; codi pwysau mewn campfa, ond yr oedd pobl codi pwysau yn edrych yn drwm, ond yr oedd yn edmygu nofwyr a'u cyrff lluniaidd. Felly aeth ati'n gydwybodol i nofio dair gwaith yr wythnos, nes iddi ddechrau gwawrio arno mai'r rheswm bod nofiwr yn nofiwr da yw *oherwydd* siâp ei gorff. Nid y nofio sy'n creu siâp y corff.

Meddyliwch am y merched hardd sy'n hysbysebu eli, sebon a phersawr ar y teledu. Maen nhw'n hysbysebu'r pethau hyn *oherwydd* eu bod yn bert. Nid y pethau hyn sydd wedi'u gwneud nhw'n bert.

Mae pobl sy'n gadael ysbyty yn gynnar yn gwella'n gynt na phobl sy'n aros yn hwy yn yr ysbyty. Ai'r ateb yw cwtogi faint o amser mae rhywun yn ei dreulio yn yr ysbyty? Na! Mae pobl sy'n aros yn hwy yn yr ysbyty yn salach na'r bobl sy'n gadael yn gynnar.

Mae plant sy'n dod o gartrefi â llawer o lyfrau yn fwy galluog na phlant sy'n dod o gartrefi heb lyfrau. Ai'r ateb yw rhoi llyfrau mewn cartrefi heb lyfrau?

Na! Mae rhieni sy'n darllen llawer o lyfrau ar y cyfan yn fwy dysgedig na rhieni nad ydynt yn darllen dim, felly hefyd eu plant.

Y drwg sydd ynom

Cydwybod

Dyma'r reddf foesol sy'n gadael inni wahaniaethu rhwng y da a'r drwg.

Mae'n ennyn ynom, o'i dilyn, deimladau o gyfiawnder ond hefyd o euogrwydd os tynnwn yn groes iddi.

Yn gorfforol, yn achos plant, mae niwed i'r pen yn dangos bod niwed i rai rhannau o'r ymennydd yn dileu ataliadau (*inhibitions*) y plentyn ac yn newid ei ymddygiad mewn ffordd sylweddol.

Yn seicolegol, mae'n ymddangos bod rhai plant yn cael eu geni heb y gynneddf hon, yn yr un ffordd ag y mae rhai yn cael eu geni heb fedru gweld, heb fedru clywed neu heb fedru siarad. Un enw ar unigolion felly yw 'seicopathiaid'.

Yn debyg i 'iaith', mae natur cydwybod yn cael ei lliwio gan y teulu, y gymuned, y gymdeithas, y grefydd ac ati y mae unigolyn yn cael ei godi ynddynt. Ac yn debyg i iaith, dyma beth sy'n caniatáu i grwpiau o unigolion gyd-fyw ar lefel cymuned, cymdeithas, cenedl a chenhedloedd unedig.

Mae'r gydwybod yn gallu arwain at ddeallusrwydd y tu hwnt i'r cyffredin. Dyma dystiolaeth athronwyr a chyfrinwyr crefyddol a dyma eiriau'r gwyddonydd Albert Einstein nad oedd yn credu yn Nuw:

'Mae mecaneg y Cwantwm yn eithriadol o drawiadol. Ond

y mae llais mewnol yn dweud wrthyf fi nad yw'n iawn. Mae'n ddamcaniaeth gynhyrchiol, ond prin yn datgelu cyfrinachau "yr Un". Yr wyf i, ta p'un, yn argyhoeddedig nad yw Ef yn hapchwarae â dis.'

Wedi dweud hynny, pa faint o lofruddiaethau a thrychinebau sydd wedi cael eu hachosi gan unigolion sydd wedi clywed 'llais mewnol' yn galw arnynt i gyflawni'r weithred?

Beth wedyn yw lle cydwybod unigolyn mewn system sy'n cael ei rheoli gan bleidleisiau rhyw fwyafrif neu'i gilydd sy'n gynyddol yn cael ei hudo a'i ddylanwadu gan luniau a lleisiau yn ein hystafelloedd byw?

Mae'n ymddangos mai unwaith eto, 'ymbwyllwch' ac 'ystyriwch' yw'r neges cyn neidio i ymateb i alwadau'r gydwybod.

Problem drygioni: mae pobl dda yn gwneud pethau drwg – Pam?

Mae astudiaeth o bobl sy'n gwneud drygioni – o rywbeth lled ddibwys fel dwyn pensiliau o'r gwaith i hil-laddiad – yn dangos nad yw'r bobl sy'n gwneud y drwgweithredoedd yn ystyried eu bod wedi gwneud unrhyw beth drwg.

I'r drwgweithredwr: Mae'r hanes yn dechrau gydag un weithred.

Roedd gennyf resymau da dros yr hyn a wnes i. Roeddwn yn ymateb i sefyllfa oedd wedi codi yn yr un ffordd ag y byddai unrhyw berson rhesymol. Roedd gennyf hawl i wneud hynny ac y mae'n annheg fy meio. Ni wnes i lawer o ddrwg. Rwyf wedi ymddiheuro. Mae'n amser symud ymlaen.

I'r dioddefwr:

Nid oedd y weithred ond y ddiweddaraf mewn cyfres o bethau drwg. Roedd yn weithred ddisynnwyr, annealladwy ac yn ddisail. Naill ai hynny neu ei fod yn ddihiryn a oedd am fy ngweld i'n dioddef er fy mod yn gwbl ddiniwed. Bydd y drwg a wnaeth yn para gyda fi am byth ac ni ddylid anghofio hynny.

Mae'r ddau sy'n adrodd y naill stori a'r llall yn dewis y ffeithiau a'r dystiolaeth sy'n cadarnhau a chyfiawnhau yr hyn maen nhw wedi'i wneud.

Mae'r sawl sy'n tramgwyddo yn ysgrifennu mewn tywod.
Mae'r sawl a dramgwyddir yn cofnodi mewn marmor.

O edrych ar ddrygioni o safbwynt y drwgweithredwr, yr ydym yn edrych ar y sefyllfa yn wrthrychol ac yn dadansoddi cymhlethdod y sefyllfa er mwyn dod o hyd i'r rhesymau dros yr hyn sydd wedi digwydd.

O edrych ar y sefyllfa o safbwynt y dioddefwr, yr ydym yn gweld y peth o safbwynt moesol. Mae'r drygioni yn fwriadol, lle mae rhywun llawn drygioni yn gwneud drwg i rywun diniwed, da.

Y broblem sy'n codi yw: Ar y naill law yr ydym mewn perygl, o feddwl, o fedru deall paham y mae drygioni'n digwydd, y gallwn gael ei wared.

Ar y llaw arall mae'r dadansoddiad moesol yn unig yn arwain at gasgliad bod yna 'Ddrygioni' a'r enw ar 'y Drygioni' sydd wrth wraidd hyn i gyd yw y Diafol, Satan (Comiwnyddion, Cyfalafwyr, Terfysgwyr ac yn y blaen, ac yn y blaen).

Ond y peth newydd yw sylweddoli:
1. bod yr ymennydd yn paratoi'r corff i weithredu *cyn* ein bod ni wedi penderfynu beth i'w wneud,
2. bod yr ymennydd wedyn yn llunio hanes i'r gweithredwr

sy'n esbonio ac yn cyfiawnhau'r pethau hyn *ar ôl* iddynt ddigwydd,

3. a'r drydedd elfen bwysig yn hyn i gyd yw nad ydym yn ymwybodol mai dyma beth sy'n digwydd.

Mae hyn yn awgrymu does dim ateb allanol i'r chwistrelliad adrenalin o'r ymennydd.

Does dim 'Drwg allanol' yn gyfrifol am ddigwyddiad corfforol anymwybodol. Mae'r dystiolaeth o gynifer o ddisgyblaethau a nodir yma yn arwain at y casgliad (oni bai dy fod yn y jyngl) mai *peidio* â gwneud dim yw'r ymateb callaf i'r chwistrelliad o adrenalin.

Ond mae peidio â gwneud dim yn anos o lawer na gweithredu.

Ond beth am y lefel 'ddieflig' o ddrygioni a geir mewn seicopathiaid? Y dehongliad ar hyn o bryd yw ei bod yn deillio o gyfuniad o ffactorau genetig a chefndirol sydd y tu hwnt i reolaeth yr unigolyn. Fodd bynnag, nid yw pob un sy'n seicopath yn gweithredu mewn dull seicopathig.

Trais

Mae trais yn rhan annatod o gyfundrefn esblygiad. Mae trais yn datblygu lle mae'r hyn a enillir yn fwy gwerthfawr na'r gost o'i ennill. O ran byd dynion cynigir tri rheswm dros drais:

1. cystadleuaeth: yr angen am berchenogi rhywbeth sy'n eiddo i rywun arall, cystadleuaeth am fwyd, am diriogaeth, am adnoddau a chystadleuaeth dynion am wragedd.

2. ofn: bod rhywun yn mynd i ymosod arnaf i, felly mae'n well fy mod i yn ymosod arnyn nhw gyntaf. Os yw lleidr arfog yn torri i mewn i dy dŷ di ac mae gen ti wn – a wyt ti'n ei saethu ef cyn iddo ef allu dy saethu di?

3. balchder: er mwyn ennill parch neu edmygedd.

Mae tair elfen yn nhriongl trais: y treisiwr, yr un a dreisir a'r sylwebydd (sydd mewn perygl o gael ei anafu yn y broses).

'Better Law than War / Gwell Cyfraith na Chad': Yn ôl y model yma, y sylwebydd sy'n sicrhau bod y gost i ymosodwr yn mynd i fod yn llawer mwy na'r hyn a enillir.

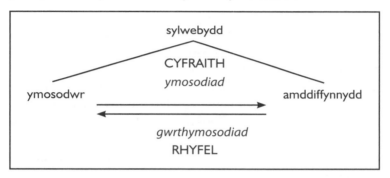

Dyma'r model sy'n sail i ymyrraeth y Cenhedloedd Unedig neu Uwch-rymoedd y Byd yn rhyfeloedd y byd. Gwaetha'r modd, nid yw'n edrych fel ateb arbennig o effeithiol.

Arglwyddes Cyfiawnder: Cleddyf yw grym cymhellol y Gyfraith. Mantol sy'n pwyso a mesur tystiolaeth y ddwy ochr.
Mwgwd sy'n sicrhau gwrthrychedd barn ac amhleidgarwch.

Ubuntu

Beth yw maddau? Cael ffordd trwy'r drain
At ochr hen elyn.
– Waldo Williams

Gair Xhosa yw *ubuntu* yn golygu 'brawdoliaeth'. Dyma sylfaen y ffordd yr aeth Nelson Mandela a Desmond Tutu ati i gyflwyno cyfundrefn o gyfiawnder adferol (*restorative justice*) yn hytrach na chyfiawnder ad-daliadol (*retributive justice*) yn Ne Affrica i iacháu gwlad yn dilyn blynyddoedd o drais dan gyfundrefn apartheid. Defnyddiwyd yr un dulliau i greu heddwch yn Mozambique, yr Ariannin, Chile, Uruguay, El Salvador a Gogledd Iwerddon. Mae angen pedair elfen:

1. Cyfarfodydd lle mae'r gwirionedd yn cael ei adrodd yn ddigyfaddawd gan gydnabod y drwg a wnaethpwyd. Mae hyn yn broses boenus sy'n golygu gwaredu yr holl resymau honedig foesol a oedd yn cyfiawnhau'r gweithredoedd a gyflawnwyd, gan ddinoethi pobl mewn ffordd gyhoeddus a chreu teimladau o euogrwydd a chywilydd.

2. Mae'r berthynas rhwng y gwahanol grwpiau yn cael ei hail-lunio. Mae'r rhai a fu'n dioddef dan yr hen system yn dod yn gyfrifol am redeg y system newydd. Mae gwrthryfelwyr yn troi'n wleidyddion neu fiwrocratiaid. Mae'r fyddin yn troi o fod yn ymgorfforiad o'r genedl i fod yn warchodwyr y genedl.

3. Efallai mai'r elfen bwysicaf i gyd yw parodrwydd i fyw gyda chyfiawnder anghyflawn. Gan gosbi'r gweithredoedd a'r gweithredwyr gwaethaf, mae'n golygu cynnig amnest enfawr i bawb arall. A hyd yn oed

yn yr achosion gwaethaf, cosbau yn effeithio ar enw da, dileu breintiau a fu, yn hytrach na dienyddio.

4. Rhaid i'r rhai a fu'n ymladd ymrwymo i berthynas newydd mewn ffordd amlwg a chyhoeddus, cyfraith a threfn, cyfamodau heddwch, cofgolofnau. O ganlyniad i hyn yn y gwledydd sydd wedi'i fabwysiadu, ailysgrifennwyd gwerslyfrau hanes.

O ddilyn system o gyfiawnder llwyr, y system wrthrychol, ddelfrydol, yr wyt ti'n gorffen gyda thrasiedi a phentyrrau o gyrff meirw.

O ddilyn system o led gyfiawnder adferol, mae pawb sydd wedi bod drwyddi wedi'u dadrithio, wedi chwerwi, wedi torri eu calonnau – ond yn fyw.

Y perygl yw bod y broses yn tynnu mwgwd amhleidgarwch oddi ar lygaid Cyfiawnder.

Ar y llaw arall mae'r datrysiad yma yn ymddangos yn fwy effeithiol na chyfundrefn unplyg, deg ond dall 'Cyfraith y Mediaid a'r Persiaid'.

8
Dedwyddwch

Hapusrwydd

Peth syml yw bod yn hapus, peth anodd iawn yw bod yn syml.

Mae astudiaethau yn dangos bod 60% o hapusrwydd unigolyn yn rhan o'i gymeriad. Mae'n beth personol ac mae'n gyson drwy gydol bywyd.

Mae ymdrechu i fod yn gwbl hapus yr un mor ofer ag ymdrechu i fod yn dal, ond mae modd dylanwadu ar y 40% nad ydym wedi'i etifeddu.

'Beth mae'n rhaid imi wneud er mwyn bod yn hapus?' Dyma un o'r cwestiynau oesol.

Ond beth os yw'n gwestiwn anghywir?

Pan ofynnodd y Pab i Michelangelo sut y llwyddodd i gerfio'i gerflun enwog 'Dafydd', ateb Michelangelo oedd iddo gael gwared ar bopeth nad oedd Dafydd.

Athroniaeth Sherlock Holmes oedd: 'Gwaredwch yr amhosibl, a'r hyn a erys, pa mor annhebygol bynnag, yw'r gwirionedd.'

O ddilyn ymateb Michelangelo a Sherlock Holmes, pe baem ni'n medru cael gwared ar y pethau sy'n gwneud inni deimlo'n anhapus, yr hyn fyddai'n weddill fyddai o leiaf bodlonrwydd os nad hapusrwydd ei hunan.

Weithiau does dim angen gwneud mwy nag aros a meddwl. Mae gan y Crynwyr ymadrodd, 'Don't just do something, sit there.'

Yr ydym yn meddwl bod rhaid inni wneud rhywbeth er mwyn arbed neu wella sefyllfa.

Ystyriwch gôl-geidwad ar ddiwedd gêm gyfartal o bêl-droed yn disgwyl cystadleuaeth ciciau o'r smotyn. Mae'r gôl-geidwad yn gwybod bod pêl-droedwyr proffesiynol yn saethu i'r dde draean o'r amser, i'r chwith draean o'r amser ac i'r canol draean o'r amser. O wybod hyn, pam symud? Er mwyn creu argraff ei fod yn gwneud rhywbeth. Byddai ganddo'n union yr un ganran o obaith i arbed y bêl pe bai'n sefyll yn llonydd, ond yn amlach na pheidio mae'n dewis symud o ganol y gôl.

Y pysgotwr

Yr oedd gŵr busnes cyfoethog yn synnu gweld pysgotwr yn gorwedd yn ymyl ei gwch yn ymlacio. 'Pam nad ydych chi wrthi'n dala pysgod?' gofynnodd.

'Oherwydd fy mod i wedi dal digon o bysgod ar gyfer heddiw,' atebodd y pysgotwr.

'Pam na ddaliwch chi ragor, 'te?' gofynnodd y gŵr busnes.

'I beth?' gofynnodd y pysgotwr.

'Wel,' meddai'r gŵr busnes, 'fe allech brynu injan i'r cwch, mynd i ddyfroedd dyfnach a dala rhagor o bysgod. Wedyn fe allech brynu rhwydi a dal mwy o bysgod byth. Byddai mwy o arian gyda chi ac fe allech brynu cwch arall. A byddech chi'n dechrau dod yn gyfoethog, fel yr wyf i.'

'A beth fyddwn i'n ei wneud wedyn?' gofynnodd y pysgotwr.

'Wel,' meddai'r gŵr busnes, 'wedyn byddech chi'n gallu eistedd i lawr a mwynhau bywyd.'

'Ond dyna beth rwy'n ei wneud yn awr,' meddai'r pysgotwr.

Mae arian yn prynu pobl ond nid yw'n prynu ffrindiau.
Mae arian yn prynu llyfrau ond nid yw'n prynu gallu.
Mae arian yn prynu gwely ond nid yw'n prynu cwsg.
Mae arian yn prynu moddion ond nid yw'n prynu iechyd.
Mae arian yn prynu bwyd ond nid yw'n prynu archwaeth.

Llwyddiant yw cael yr hyn yr ydych chi eisiau.
Dedwyddwch yw bod eisiau yr hyn yr ydych chi'n ei gael.

Y ffordd orau o ddod o hyd i lawenydd yw drwy wneud rhywun arall yn llawen.

Y ffordd orau o ennill yr hyn yr wyt ti eisiau yw ei roi i rywun arall.

Gellir cynnau mil o ganhwyllau gyda fflam un gannwyll heb amharu dim ar hyd oes y gannwyll. Yn yr un ffordd gellir lledaenu hapusrwydd heb darfu ar dy hapusrwydd di.

Gwenwch

Nid yw gwên yn costio dim ond mae'n cynnig llawer.
Mae'n cyfoethogi'r rhai sy'n ei derbyn
Heb dlodi'r un sy'n ei rhoi.

Mae'n digwydd mewn amrantiad
Ond mae'r cof amdani'n para byth.
Does neb mor gyfoethog
Fel nad oes ei hangen arno;
Does neb mor dlawd
Fel nad oes ganddynt un wên.

Ni allwch ei phrynu, ei benthyca na'i dwyn.
Nid yw'n dda i ddim i neb nes iddi gael ei rhoi.

A phe bai rhywun yn rhy flin i gynnig gwên i chi
Gadewch un o'ch rhai chi gydag ef.

Does neb â mwy o angen gwên
Na'r sawl sydd heb un i'w rhoi.

Stormydd bywyd: gostegu'r storm

Mewn sefyllfaoedd tra chymhleth, ceir digwyddiadau eithafol sy'n llanw ein bryd cyn bod pethau'n dychwelyd i'r hyn sy'n gyfarwydd. Fel yn achos y tywydd, fe fydd mellt a tharanau, bydd eira a lluwchfeydd ac adegau o sychder neu lifogydd, ond yr ydym i gyd yn gwybod mai pethau dros dro ydynt ac y bydd y tywydd yn dychwelyd i'r hyn sy'n arferol.

Mae poen yn y cefn ac annwyd yn gyflyrau meddygol cyffredin ond tra chymhleth nad oes atebion syml iddynt.

Ystyria fod gen ti gefn gwael; weithiau mae'n boenus iawn, weithiau nid yw'n boenus o gwbl, rhai dyddiau mae'n dda, rhai dyddiau mae'n ddrwg. Pan mae'n ddrwg iawn, yr wyt ti'n gwybod ei fod yn mynd i laesu – dyna natur y poen sydd yn dy gefn.

Felly hefyd annwyd. Mae'n mynd i wella mewn ychydig o ddiwrnodau, ond ar y pryd yr wyt ti yn ei chanol hi. Pan fyddi di ar dy waethaf mae'n naturiol gwneud rhywbeth er mwyn ei wella. Yn nhrefn amhriodoldeb gellid:

1. derbyn moddion homeopathig
2. aberthu oen
3. darbwyllo'r meddyg i roi tabledi gwrthfiotig i ti.

Ar ôl gwella, byddi di'n casglu mai'r hyn a wnest ti pan oeddet ti'n dioddef waethaf oedd wedi achosi'r gwelliant, a bob tro y bydd annwyd arnat ti o hyn ymlaen byddi di'n mynnu cael rhagor o dabledi gwrthfiotig, oherwydd dy gred mai dyna a wellodd dy annwyd y tro diwethaf.

Mae'r un patrwm yn digwydd ym maes buddsoddi arian mewn cyfrannau. Mae'r farchnad mor anwadal â'r tywydd – mae'n mynd i fyny, yn mynd i lawr ac yna yn dychwelyd i'r cymedr.

Pe baet ti'n digwydd bod yn gweithredu system yr wyt ti'n meddwl sy'n mynd i ddarogan pryd y bydd prisiau cyfrannau yn cynyddu, yr wyt yn yr un sefyllfa ag aberthu oen neu gymryd tabledi gwrthfiotig yn achos annwyd. Rwyt ti wedi adnabod patrwm pan nad oes un. Rwyt ti wedi mynnu bod perthynas rhwng digwyddiad a'r hyn achosodd y digwyddiad, a hynny heb fod yna achos.

Mewn sefyllfaoedd dyrys iawn, weithiau y mae 'gwneud dim byd' yn ateb da. Sylw'r athronydd Voltaire oedd: 'cyfrinach meddygaeth yw cadw'r claf yn ddiddan tra bo natur yn gwella'r clefyd', sef bod ymddygiad neu ymateb y meddyg i'r claf yn rhan bwysig o'r broses wella.

9

Enaid

Y canol llonydd

Un o ganlyniadau prysurdeb ein bywydau yw'r holl feddyliau sy'n troelli yn y pen ac sy'n cystadlu am ein sylw. Mae gormod o bethau yn chwarae ar ein meddyliau, a'r canlyniad yw ein bod yn ansicr; nid ydym yn hoffi yr hyn ydym, nid ydym yn cysgu'n dda ac yr ydym yn dioddef o iselder ysbryd. Oni fyddai'n braf gallu gadael y pethau hyn a chyrraedd rhyw lonyddwch mewnol?

Mae dynion doeth y Dwyrain yn gwybod hyn ers miloedd o flynyddoedd ac wedi datblygu ffyrdd i gyrraedd y tawelwch yma. Mae gwyddonwyr y Gorllewin yn dechrau cyrraedd yr un man, drwy fapio beth sy'n digwydd i'r ymennydd.

Mewn arbrawf a gynhaliwyd yn Ysbyty Cyffredinol Massachusetts cymerwyd 16 o wirfoddolwyr nad oeddynt â phrofiad o fyfyrdod o'r blaen gan ddysgu iddynt egwyddorion sylfaenol dwysfyfyrio. Ar ôl wyth wythnos o ymarfer yr oedd canlyniad delweddau MRI (*magnetic resonance imaging*) o ymenyddion y gwirfoddolwyr yn dangos y newidiadau oedd wedi digwydd o fewn yr ymennydd, sef cynnydd yn ardal yr 'hippocampus' sy'n ymwneud â chofio, a lleihad yn nwysedd ardal yr 'amygdala'. (Yr 'amygdala' yw un o ardaloedd hynaf yr ymennydd sy'n gyfrifol am yr ymateb greddfol 'dianc' neu 'ymladd'.) Ar yr un pryd mesurwyd 16 o wirfoddolwyr nad oeddynt wedi cymryd rhan yn yr arbrawf ac ni chafwyd unrhyw newid yn nelweddau eu hymenyddion hwy.

Defnyddiwyd yr un technegau dwysfyfyrio ar grŵp o 17 o filwyr oedd yn cael eu hyfforddi i ymladd yn Irac. Rhan o'r hyfforddiant oedd gosod y milwyr hyn dan bwysau eithafol a pheryglon, er mwyn eu paratoi ar gyfer gwewyr rhyfel. Yn ystod y cyfnod yma dan bwysau, y disgwyliad oedd y byddai cof gweithredol y milwyr yn lleihau, a dyna a ddigwyddodd ymhlith y milwyr cyffredinol (y *control group*) a fesurwyd. Ond yn achos y grŵp arbennig o 17 milwr, cynyddodd eu cof gweithredol.

Llonyddwch mewnol

Erbyn heddiw, mae gwyddonwyr yn gallu mesur newidiadau yn yr ymennydd, ac y mae mesuriadau heddiw yn cadarnhau gwirionedd yr oesoedd. Pan fyddwn ar ddihun a'r ymennydd yn brysur, mae'n cynhyrchu'r hyn a elwir yn donfeddi *beta*. Ar y llaw arall, pan fyddwn yn ymlacio neu'n barod i fynd i gysgu, mae'r ymennydd yn cynhyrchu math arall o donfeddi, sef tonfeddi *alpha*. Er mwyn cael syniad o'r hyn sy'n digwydd:

1. Eistedda yn gyfforddus ar gadair (nid soffa).
2. Canolbwyntia ar bwysau dy draed ar y llawr.
3. Gwranda ar dy anadlu.
4. Edrycha a chanolbwyntia ar rywbeth llonydd (llun, golygfa o'r ffenestr, ac ati).
5. Canolbwyntia ar anadlu. Adrodda i ti dy hunan 'anadlu mewn', 'anadlu allan' ddeg o weithiau.
6. Eistedda fel hyn am bum munud yn ymwybodol o dy gorff a'r lle'r wyt ti.
7. Os daw meddyliau trist neu ddigalon atat ti, dychmyga eu bod ar boster mawr y tu allan i ti.
8. Ailadrodda'r ymarfer anadlu.

Yr enw a roddir ar y broses yma erbyn heddiw yw 'Ymwybyddiaeth Ofalgar' (*Mindfulness*) ac y mae canolfannau a chyrsiau sy'n dysgu'r technegau hyn.

Bod yn ymwybodol

Pan fyddwch yn siarad, rydych chi'n ailadrodd yr hyn a wyddoch yn barod. Wrth wrando, gallwch ddysgu rhywbeth newydd.

– Dalai Lama

'Rwy'n gobeithio y gwnei di wrando, ond nid gan gofio'r hyn yr wyt ti eisoes yn ei wybod; nid peth hawdd yw hyn. Pan wyt ti'n gwrando, mae dy feddwl yn neidio i gasgliadau ar sail dy wybodaeth a'th atgofion. Mae'n wrando sy'n disgwyl deall rhywbeth yn y dyfodol.

Sylwa ar sut rwyt ti'n gwrando. Naill ai yr wyt yn gwrando gyda chasgliad wedi'i ffurfio ar sail dy wybodaeth, dy atgofion a'th brofiadau, neu rwyt ti'n ddiamynedd ac yn disgwyl ateb. Yr wyt ti eisiau gwybod beth yw bywyd, beth yw'r holl gymhlethdod.

Nid wyt ti'n gwrando o gwbl mewn gwirionedd.

Ni ellir gwrando nes bod y meddwl yn dawel. Yn y bwlch rhwng yr hyn a ddywedir a'th ymateb, ceir ennyd o osteg a dirnadaeth nad yw'n ddealltwriaeth ddeallus.

Mae ymwybyddiaeth yn wahanol i ddysg. Nid cofio gwersi ac atgyfodi creithiau profiadau'r gorffennol ydyw, ond sylwi'n fanwl heb dynnu ar brofiadau personol, heb gymharu, heb feirniadu. Mae cymharu a beirniadu yn llesteirio deall. Mae bod yn ymwybodol yn golygu arsylwi heb gymathu hynny â phrofiad. Dyma sy'n rhyddhau'r meddwl o'i ragfarnau.'

Dim ond mewn tawelwch effro mae'r Gwir yn bodoli.

Y ffordd

Beth yw byw? Cael neuadd fawr
Rhwng cyfyng furiau.
– Waldo Williams

Nid oes un ateb syml ond y mae gwahanol bobloedd mewn gwahanol ddiwylliannau dros gyfnodau o filoedd o flynyddoedd wedi datblygu llwybr sy'n arwain unigolyn at well dirnadaeth o'r hyn yw 'byw'. Yr enw cyffredinol ar y llwybr yma yw 'Y Ffordd'.

Yn nisgyblaethau milwrol y Dwyrain, nid pwrpas ymladd â chleddyf neu feistroli saethyddiaeth, er enghraifft, yw lladd gelyn nac amddiffyn dy hun rhag y gelyn (er eu bod yn gwneud y pethau hyn). Pwrpas yr ymarfer yw ennyn yr hunanddisgyblaeth angenrheidiol i ddarganfod 'Y Ffordd', sef y ffordd y dylai dyn ymddwyn nid yn unig o ran ei fyw ond hefyd sut y dylai ymgodymu â'i farw.

Dameg y cigydd

Mae cigydd da yn newid ei gyllell yn flynyddol gan ei fod yn ei defnyddio i dorri cig. Mae cigydd dibrofiad yn newid ei gyllell yn fisol gan ei fod yn ffusto'r cig.

Eto, y mae gofod rhwng golwython ac nid oes unrhyw drwch ym min y llafn. Drwy ddefnyddio rhywbeth heb drwch a'i osod lle mae gofod, gellir cyflawni gwaith effeithiol a meistrolgar.

Mae gennyf yr un gyllell ers ugain mlynedd ac y mae yr un mor finiog yn awr ag a fu y pryd hynny.

Dilyn 'Y Ffordd' y mae mynachod a lleianod crefyddau'r byd. Ac anogir dilynwyr crefydd i ddilyn 'Y Ffordd' a'r 'Goleuni' a osodwyd gan sylfaenydd y grefydd.

Y rheswm y mae angen disgyblaeth yw er mwyn medru rheoli yr hyn y mae'r ymennydd yn llywio'r corff i'w wneud yn ddiarwybod i 'fi' fy hun.

Yr amlycaf o'r pethau hyn yw'r ymateb greddfol, ymosodol, a ddaw o'r chwistrelliad o adrenalin pan deimlwn dan fygythiad. Un arall yw'r teimlad o banic a'r orfodaeth arnom i 'wneud rhywbeth' sy'n deillio o ofn. Rhaid canfod 'Y Ffordd' i ennyn disgyblaeth i beidio ag ymateb yn wyllt ac yn reddfol, y ddisgyblaeth i beidio ag ymateb ond aros, ac ystyried.

Un o nodweddion teithwyr 'Y Ffordd' yw eu hymwybyddiaeth o'r paradocs bod gwendid yn drech na chryfder a bod meddal yn gryfach na chaled.

Ein huchelgais a'n hymdrechion sy'n arwain at orymdrechu a chanolbwyntio ar y pethau anghywir.

Dyma sail disgyblaethau milwrol y Dwyrain sy'n defnyddio grym yr ymosodwr yn ei erbyn.

Ond mae'n wir ar lefel gymunedol a chymdeithasol.

Dyna Rosa Parks, y ddynes ddu a wrthododd godi o'i sedd mewn bws yn Alabama er mwyn i berson gwyn gael eistedd, a dyna 'rym' Mahatma Gandhi yn India a Nelson Mandela yn Affrica.

Y mae grym a thrais a chaledwch yn deillio o weld y gwahaniaeth rhwng pethau. Ni ellir eu goresgyn oherwydd yn y diwedd, y mae pob peth yn perthyn i bob peth arall.

Y llwybr ansathredig

Ffordd na chenfydd llygad barcut
er ei bod fel hanner dydd,
ffordd ddisathr, anweledig
i bawb ond perchenogion ffydd...

– Ann Griffiths

Tir ansathredig yw tir y gwirionedd. Nid oes yno unrhyw lwybr i'w ddilyn gan na chrefydd na chred. Pan ddechreuwch ei dramwyo, na cheisiwch lwybr, ond gadewch ôl eich troed.

O fedru cyflawni gweledigaeth ddwyfol, gwelir bod pob peth yn hafal heb wahaniaeth rhwng da a drwg na'r aruchel a'r isel.

Mae popeth a ysgrifennais hyd yma'n ymddangos fel gwellt o'i gymharu â'r hyn a ddatguddiwyd i mi.
– Thomas Aquinas

Hoffwn fedru disgrifio'r mymryn lleiaf o'r hyn a ddysgais, ond pan geisiaf ganfod ffordd i wneud hynny, fe'i caf yn amhosibl.
– Santes Teresa o Ávila

Mae profiad cyfriniol yn amhosibl ei ddisgrifio mewn geiriau. Fe'i hystyrir yn adnabyddiaeth ysbrydol o wirioneddau y tu hwnt i'n dealltwriaeth arferol.

Am yr hyn na fedrir dweud dim amdano, bydded distawrwydd.
– Ludwig Wittgenstein

Ni all ein geiriau olrhain ymylon mudandod
Na dweud Duw gydag ystyr.
Un weddi sy'n aros i bawb, mynd yn fud at y mud.
– Saunders Lewis

Y gorwel a thu hwnt

Gorwel yn unig yw marwolaeth, ac nid yw gorwel yn ddim ond terfyn eithaf yr hyn a welir gan ddyn.

Rai blynyddoedd yn ôl, roedd fy mrawd-yng-nghyfraith yn derbyn triniaeth yn yr ysbyty pan gafodd drawiad ar y galon. Oni bai am staff yr ysbyty byddai wedi marw. Pan ddaeth adref soniodd wrthyf fi am y profiad. Roedd Tom y mwyaf ymarferol a sylwgar o ddynion, nid un oedd yn hoff o 'straeon'.

Flynyddoedd wedyn, deuthum ar draws gwaith Dr Raymond Moody ar 'Brofiad pobl ar-fin-marw', gwaith a oedd yn ymgorffori'r union brofiad a gafodd Tom.

Gan fod technoleg fodern mor rymus erbyn hyn, mae mwy a mwy o enghreifftiau o bobl sydd wedi marw yn 'glinigol' ond sy'n cael eu hadfywio wedi hynny.

Mae Dr Moody wedi ymchwilio i'r ffenomen a chanfod y nodweddion penodol a rennir gan y rhai sydd wedi cael y profiad ôl-marw:

- y teimlad o fod y tu allan i'r corff
- y gallu i weld beth sy'n digwydd a lleoliad y digwyddiadau
- ymwybyddiaeth glir a dim poen
- bod dim cyfyngiad ar symudiadau, yn cynnwys y gallu i fynd drwy waliau
- ymdeimlad o ddedwyddwch annisgrifiadwy a heddwch
- symudiad i lawr twnnel a golau disglair ar ei ddiwedd
- croeso yno gan dwr o gyfeillion
- lle hardd a theimlad o fod ym mhresenoldeb bod dwyfol
- ym mhresenoldeb y bod dwyfol derbyn gorolwg o'i weithredoedd i gyd ar yr un pryd
- cael gwybod beth oedd effeithiau'r gweithredoedd hyn ar eraill
- medru gweld ei hunan yn glir a barnu'n wrthrychol
- sylweddoli mai'r peth pwysicaf oll oedd cariad at eraill
- clywed nad oedd yn bryd marw a dychwelyd i'w gorff.

Amser – y twyllwr mawr

I ni feidrolion dyma fesur ein taith o'r crud i'r bedd.

Yn wahanol i anifeiliaid rwy'n ymwybodol o'r eiliadau, munudau ac oriau sy'n mesur yn fanwl bob cam o'm taith o'i dechrau i'w diwedd.

Heddiw yw'r yfory yr oeddwn yn poeni amdano ddoe.

Y gorffennol

Yr ydym yn ceisio deall bywyd drwy ddadansoddi a dysgu gwersi o'n gorffennol. Ond y mae tystiolaeth yr adrannau blaenorol yn dangos y perygl mai rhagfarn sy'n gyrru'r atgofion hyn. Rhagfarn wedi'i chadarnhau gan gof annibynadwy sy'n dewis y pethau mae'n eu cofio er mwyn cadarnhau yr hyn yr ydym yn dymuno meddwl oedd wedi digwydd, gan anwybyddu unrhyw ffeithiau anghyfleus nad ydynt yn cadarnhau ein stori ni.

Gweld y jwg ar silff y dreser,
Gweld dim ond ei sglein o bellter,
Ond wrth imi estyn ato
Gwelaf ddoe a'i graciau ynddo.
– Ann Fychan

'Peryglus yw seilio'n ffordd o fyw heddiw ar yr hyn yr ydym yn ei gofio am ddoe.'

Rywbryd i bob un fe ddigwydd
Iddo edrych dros ei ysgwydd,
Ond pan wnelo hynny, cofied
Ag un llygad bydd yn gweled.

– Dic Jones

Ystyriwch faint o derfysg y byd sy'n deillio o'r ffordd y mae gwahanol bobloedd yn dewis cofio eu hanes.

Y dyfodol

Drwy edrych ymlaen y mae byw bywyd, *ond* ni allwn ragweld beth sy'n mynd i ddigwydd yfory. Mae angen cynllunio, ond gwastraff amser ac egni yw poeni am bethau na allwn eu rhagweld.

Meddyliwch am ddyn. Gallai fod wedi bod yn un o grefftwyr mawr y byd – yfory. Byddai pawb wedi gwybod amdano – yfory. Yn anffodus bu farw, a'r cyfan a adawyd ar ei ôl oedd pentwr o bethau yr oedd yn bwriadu'u gwneud – yfory.

Gwthiaf fy nghwch i'r dŵr yfory
Codaf fy hwyl i'r gwynt yfory
Moriaf ymhell o dir yfory.

– Caradog Prichard

Ydwyf

Yr unig amser sydd gennym mewn gwirionedd yw *rŵan: yn awr*. Enw arall ar yr 'yn awr' delfrydol yw enw a ddefnyddir gan athletwyr a mabolgampwyr, sef 'bod yn y *zone*'. Mae'n gyflwr o fyw yn y foment lle y mae popeth yn clicio, ac y mae'r hyn yr wyt ti'n ei wneud yn 'llifo' heb i ti orfod meddwl amdano. Mae'n digwydd pan fyddi di'n ymgolli'n llwyr mewn llyfr, neu yn canolbwyntio ar wneud rhywbeth heb sylweddoli bod amser yn mynd heibio. Bod mewn cyflwr o'r 'nawr' parhaus.

Yr wyt ti'n cyrraedd y cyflwr yma drwy ganolbwyntio'n llwyr ar yr hyn yr wyt ti'n ei wneud. Os yw'r peth yn rhy syml, mae'n ddiflas, os yw'n rhy anodd, yr wyt ti'n dechrau poeni, ond pan gyrhaeddi di sefyllfa pan fyddi di'n defnyddio dy sgiliau i'r eithaf a heb roi dy feddwl ar ddim byd arall, yr wyt ti yn y *zone* ac nid wyt yn meddwl nac am y gorffennol nac am y dyfodol, dim ond am yr hyn yr wyt ti'n ei wneud.

Rhaid ymlacio peth, a disgyblu dy hun i beidio poeni.

Mae'n gyflwr arbennig o rymus a phleserus; y mae pobl greadigol, chwaraewyr gêmau a phobl sy'n dwysfyfyrio yn tystio iddo.

Beth sy'n bwysig yw pob munud o dy fywyd yn awr, nid beth sy'n digwydd yfory.

Dy feddyliau a'th weithredoedd yn awr sy'n creu dy ddyfodol.

Mae llwybr dy ddyfodol wedi'i greu yn barod gan dy orffennol.

Breuddwyd yw ddoe a rhith yw yfory. Mae heddiw, o'i fyw yn iawn, yn gwneud ddoe yn freuddwyd o hapusrwydd ac yfory yn addewid o obaith.

– Dihareb Sanskrit

'Pan rwy'n poeni rwy'n byw yn y dyfodol.

Pan rwy'n drist ac yn ddigalon rwy'n byw yn y gorffennol.'

Am ddau o ddyddiau ni ofidiaf fi,
Am ddydd i ddyfod, ac am ddydd a aeth.

– John Morris-Jones

Penderfynu

Y rheswm y mae gwneud penderfyniad yn anodd yw oherwydd yr ansicrwydd a ydym yn gwneud y penderfyniad cywir. Os nad ydym yn gallu darogan y dyfodol, sut gallwn wybod a yw penderfyniad yn gywir neu beidio?

Gwneud penderfyniad ar sail cymaint o wybodaeth â phosibl yn hytrach na pheidio penderfynu yw'r peth pwysig.

Ond mwy pwysig na hynny hyd yn oed yw'r ffordd yr ydym yn delio â chanlyniadau'r penderfyniad wedi inni ei wneud.

Amser a Gwyddoniaeth

Newton

Yr oedd darganfyddiadau Isaac Newton wedi arwain gwyddonwyr i ystyried y byd fel darn o fecanwaith tra chymhleth wedi'i reoli gan ddeddfau digyfnewid a thipiadau cloc.

Einstein

Mae darganfyddiadau diweddarach Albert Einstein yn disgrifio *Amser* a *Gofod* ar y cyd fel math o wead hydrin sy'n creu dimensiwn newydd i'w ychwanegu at hyd, lled a dyfnder. O ddefnyddio'r dimensiwn ychwanegol yma, mae'n bosibl, mewn ffordd nad oedd yn bosibl gynt, i fesur gweithredoedd anferthol sy'n digwydd o fewn ein rhan ni o'r bydysawd.

Yng nghyd-destun 'Amser', y cysonyn sylfaenol yw Cyflymdra Goleuni.

Cwanta

Erbyn heddiw, ar lefel y pethau bychain lleiaf oll, mae *Damcaniaeth y Cwantwm* yn awgrymu mai rhith yn unig yw Amser, rhith a grëir gan bresenoldeb *arsylwr*.

Ym myd y pethau bychain, mae mater yn gallu bodoli ar ffurf gronynnau a thonnau yr un pryd. Yr hyn sy'n penderfynu'r ffurf yw presenoldeb arsylwr.

Damcaniaeth Ansicrwydd Heisenberg sy'n datgan ei bod yn bosibl arsylwi lleoliad gronyn, hefyd ei bod yn bosibl arsylwi pa mor gyflym y mae'r gronyn yn symud; ond ni ellir gwneud y ddau beth yr un pryd.

Yr *arsylwr* sy'n penderfynu ai cyflymder ynteu cyfeiriad y gronyn sy'n cael ei arsylwi.

Gwybyddiaeth a drysedd

Y drydedd elfen ryfeddaf fyth o fewn y gyfundrefn yma yw bod y mân ronynnau hyn, er eu bod yn bell oddi wrth ei gilydd, yn medru rhannu 'gwybyddiaeth' (*information*) sy'n golygu bod yr hyn y mae un yn ei wneud yn effeithio ar y llall. Yr enw ar y berthynas yma yw 'drysedd' (*entanglement*).

Mae gronynnau yn troelli, ac yn achos pâr o ronynnau os yw un yn troelli un ffordd mae ei gymar yn troelli'r ffordd arall. Anfonwyd dau ronyn o'r fath saith milltir i gyfeiriadau gwahanol a dangoswyd bod ymyrryd yn nhroelliad y naill ronyn yn achosi newid diymdroi i droelliad ei gymar saith milltir i ffwrdd.

Er mwyn i hyn fedru digwydd rhaid bod y cyfathrebu yma yn digwydd ar gyflymdra uwch na chyflymdra goleuni – ond nid yw hynny'n bosibl.

Paham y mae 'rhywbeth' yn lle 'dim byd'?

Dyfod

Rhyw rym o rywle, rhyw egni o'r tu hwnt inni,
Anorchfygol, diamodol, parhaol o fodoli.

– Gwyn Thomas

Ar lefel y pethau lleiaf oll ni ellir gwahaniaethu rhwng ymarweddiad gwrthrychau atomig a'r arsylwr – sef y berthynas annatod rhwng y cwestiwn mae'r arsylwr yn ceisio'i ateb a'r offer a ddefnyddir ganddo i fesur yr hyn sy'n digwydd.

Mae'r arsylwr yn cael dylanwad ar yr hyn a arsylwir. Os yw'r arsylwr yn newid, felly hefyd yr hyn a arsylwir, rhywbeth sy'n hollol groes i'r ffordd draddodiadol o ystyried arsylwadau gwyddonol.

Er mwyn dygymod â hyn rhaid bod yn barod i dderbyn bod mwy nag un ffordd i ystyried yr un digwyddiad (e.e. goleuni sy'n bodoli ar ffurf tonnau a/neu ronynnau).

Yn nrama bodolaeth yr ydym, ar yr un pryd, yn actorion ac yn rhan o'r gynulleidfa.

Os yw digwyddiadau yn deillio o bresenoldeb arsylwr, heb arsylwr ni fyddai dim yn cael ei arsylwi – nac yn digwydd.

Fe all fod y dyfodol yn anrhagweladwy oherwydd heb arsylwr, nid yw wedi'i benderfynu eto.

Ai 'fi a ti', fodau dynol, yw'r arsylwyr?

Nid anhysbys yn unig yw'r dyfodol, nid yw eto wedi'i benderfynu.

Y mae mwy nag un dewis yn agored. Ym mhob 'yn awr/rŵan' mae cyfle am newydd-deb anrhagweladwy.

11

Deddf Goodhart (eto)

Cyfeiriwyd yn barod at y rheol ymddangosiadol syml hon yng nghyd-destun arholi a gosod dangosyddion cyflawni:

'Unwaith yr ydych yn ynysu darn o system i reoli system neu i fesur effeithiolrwydd system, ni fydd yn gwneud hynny.'

Ond o ystyried ymhellach mae'r rheol fach hon yn disgrifio'r ffordd y mae dynion (yn y Gorllewin o leiaf) yn ceisio gosod eu trefn ar y byd *a phaham na all y drefn honno byth weithio.*

'Sut wyt ti'n bwyta eliffant? Rwyt ti'n ei dorri yn ddarnau bach a'u bwyta fesul darn.'

Dyma'r ffordd yr ydym yn dygymod â'r byd o'n cwmpas. Yr ydym yn ei dorri yn ddarnau bach yr ydym yn gallu dygymod â nhw a'u deall.

Dan y drefn hon, mae'r blaned yn troi yn wledydd unigol a moroedd, mae'r gwledydd yn troi'n rhanbarthau, a phobl yn hiliau a llwythau. Ac y mae pob un o'r pethau yma yn cael eu torri'n unedau llai a llai nes yn y diwedd yr ydym yn cyrraedd gronynnau isatomig. Mae iaith yn gyfrwng cymwys iawn i wneud hyn. Hanfod enwau yw nodi'r *gwahaniaeth* rhwng pethau, nid eu perthynas â'i gilydd. Yr ydym yn gwybod mwy a mwy am lai a llai.

Wrth inni ganolbwyntio ar y dull dadansoddol yma, y

perygl dybryd ac amlwg yw ein bod yn colli pob golwg ar y cyfanwaith.

Wrth ynysu unrhyw ran o gyfanwaith er mwyn ei ddeall, y cam nesaf (fel y mae deddf Goodhart yn ei gydnabod) yw rheoli a gosod trefn ar y darn ynysig rwyt ti'n ei ddeall gan anwybyddu'r gweddill, gyda'r canlyniad anochel nad yw'n gosod trefn nac yn gwella'r system.

(Disgrifir y broses a'i chanlyniadau yn fwy manwl dan **Arholiad**, t. 69)

Ystyria: 'os dyrannwch (*dissect*) gath er mwyn gwybod sut mae cath yn gweithio, yr hyn sydd gennych yw cath sydd ddim yn gweithio.'

Gogoniant byth am drefn?

Dywedir bod 'Trefn' hyd yn oed mewn caos – ond mae'n drefn nad ydym yn medru'i dirnad.

I ni, 'trefn' yw dilyniant rhesymegol lle mae un peth yn dilyn yn naturiol o'r hyn a'i rhagflaenodd. Y ffordd yr ydym yn gosod trefn ar ein byd yw trwy adnabod pob cam rhesymegol, ei fesur a sicrhau bod pob un neu bob peth o fewn system yr ydym wedi ei dyfeisio yn cydymffurfio â'r drefn yr ydym wedi'i hadnabod.

Yn anffodus, nid dyna fel y mae'r pethau pwysicaf yn gweithio.

Gwers fawr esblygiad yw bod yr holl ffurfiau ar fywyd (gan ein cynnwys ni) wedi deillio o'r ffurfiau symlaf un ac wedi datblygu dros gyfnod o dri biliwn o flynyddoedd.

Un o nodweddion bywyd o'i ymddangosiad cyntaf un yw cynifer yr amrywiaethau sy'n medru datblygu dros gyfnod hir o amser, ond er cynifer y ffurfiau, dim ond yr amrywiadau sydd yn medru goroesi amgylchedd eu cyfnod a drosglwyddir i'r genhedlaeth nesaf.

Un o nodweddion y math yma o ddatblygiad yw ei natur ddi-dor. Y mae un peth yn llifo i mewn i'r peth nesaf heb na bwlch nac adwy amlwg rhyngddynt. Ond os nad oes bwlch, sut wedyn y mae mesur pryd mae un peth yn gorffen a'r peth nesaf yn dechrau?

Pryd mae ffetws yn troi'n fod dynol ac embryo yn fabi? Pryd y mae mesen yn dderwen ac awel yn troi'n gorwynt? Pryd mae canol oed yn troi'n henoed a pha bryd mae'r llanw'n troi'n drai?

Mae lle i amau bod ein hawydd i hollti a gwahanu er mwyn cael mesur a gosod rhyw rith o reolaeth ar bethau yn creu mwy o broblemau na phe baem yn cydnabod ac yn derbyn y berthynas ddi-dor sy'n bodoli rhwng pethau a phobloedd.

Pan fo'r trai yn troi yn llanw
A'r llanw'n troi yn drai
Ys gwn ai tragwyddoldeb
Yw'r eiliad rhwng y ddau?

– Dic Jones

Trais pob trais

Pan elwi dy hun yn Indiad neu'n Fwslim neu'n Gristion neu'n Ewropead neu yn unrhyw beth arall, yr wyt ti'n cyflawni trais.

Ym mha ffordd?

Drwy wahaniaethu rhyngot ti dy hun a gweddill dynolryw.

Mae gwahaniaethu ar sail cred neu genedl neu draddodiad yn magu trais.

Nid yw unrhyw un sy'n ceisio deall trais yn perthyn i unrhyw wlad, unrhyw grefydd nac unrhyw blaid wleidyddol; ei nod yw deall dynolryw yn ei chyfanrwydd.

O weld Tragwyddoldeb mewn pethau darfodedig, a'r Anfeidrol mewn pethau meidrol, dyna wybodaeth bur.

Ond os na welir ond amrywiaeth pob peth, eu hamrywiadau a'u cyfyngderau, dyna wybodaeth amhur.

Ac os gwelir un peth mewn ffordd hunanol, fel pe bai'n bopeth, ac yn annibynnol ar yr UN a'r lliaws, dyna yw tywyllwch dudew anwybodaeth.

– o'r Bhagavad Gita

Fi a Ti

Mae pobl wedi eu creu i'w caru,
Mae pethau wedi eu gwneud i'w defnyddio.
Ond
Yr ydym ni yn defnyddio pobl ac yn caru pethau.

Rwy'n gwybod pwy wyf 'Fi'. Ond beth neu pwy wyt 'Ti'?

Mae'r ffurf 'ti' yn Gymraeg yn cyfateb i'r hen ffurf Saesneg 'thou', sydd wedi marw allan o'r iaith.

Yn ogystal yn Gymraeg, nid oes gennym air sy'n cyfateb i'r 'it' amhersonol yn Saesneg.

'Peth' yw 'it', rhywbeth ar wahân i ni, gwrthrych yr ydym yn ei berchenogi, ei ddefnyddio ac yn manteisio arno.

Mae '**ti**' yn cydnabod perthynas un ac un. Mae'n cydnabod cydfodolaeth ac undod pethau.

Y mynegiant amlycaf o berthynas rhwng 'fi' a 'ti' yw cariad rhwng dau berson.

Ond mae'r berthynas yma yn ymestyn y tu hwnt i bobl ac yn cynnwys y byd o'n cwmpas hefyd. Mae'n cydnabod y ffaith fod pob peth yn perthyn i bob peth arall.

Pa faint o broblemau mawr ein byd sy'n deillio o'r gwahaniaeth yr ydym yn ei weld rhwng 'Fi' a 'Nhw'? Beth fyddai'n digwydd tybed pe bawn i'n gwrando'n dawel ac yn ystyrlon ar wirioneddau pob 'ti' yr ydym mewn perygl o'i droi yn 'nhw' neu 'it'?

Cymod a chyflawn we
Myfi, Tydi, Efe,
A'n cyfyd uwch y cnawd.
– Waldo Williams

Mae bodau dynol yn rhan o gyfanwaith yr ydym yn ei alw'n 'Fydysawd', ond mae ein rhan ni o'r bydysawd yn cael ei chyfyngu gan Amser a Gofod.

Profiad dynol yw bod ein meddyliau a'n teimladau yn bethau unigryw sy'n bodoli ar wahân i bopeth arall – camdybiaeth ddybryd o'r hyn yw ymwybyddiaeth ddynol. Mae'r camsyniad yma yn creu carchar sy'n ein caethiwo i'n dyheadau personol ac yn cyfyngu trugaredd i'r ychydig unigolion sy'n agos atom.
Y gwaith o'n blaenau yw torri allan o'r carchar yma drwy ymestyn cylch ein trugaredd i gynnwys pob creadur byw, a holl brydferthwch natur.

Dyma eiriau un o ddynion doeth yr oesoedd, y gwyddonydd Albert Einstein.

Y pethau bychain

Small is Beautiful.
– E. F. Schumacher

Y model gwyddonol

Yr ydym wedi cael ein dysgu bod dŵr yn gyfuniad o'r elfennau Hydrogen ac Ocsigen a gofnodir yn y fformiwla $H2O$, dau atom o Hydrogen wedi'u cyfuno ag un atom o Ocsigen.

Er mai atom yw'r ffurf leiaf ar unrhyw elfen, mae'r atom ei hun yn gyfuniad o niwtronau, protonau ac electronau, a'r grymoedd rhwng y gronynnau hyn sy'n cynnal yr atom.

Y mae modd chwalu'r gronynnau fel y dangoswyd pan ffrwydrwyd y bom Hydrogen gan ryddhau'r egni anferthol sy'n cynnal yr atom.

Pan chwalwyd yr atom, ni chafodd ei ddifa. Yn hytrach canfuwyd ystod newydd o ronynnau llai, y *quark*, y *lepton* a'r *boson*.

Mae'r gronynnau hyn yn gweithredu mewn ffyrdd sy'n golygu na ellir defnyddio'r dulliau gwyddonol sy'n mesur ac yn egluro sut y mae mater ar lefel uwch na'r atom yn gweithredu yn ein byd ni. Er bod y ffyrdd y mae gronynnau isatomig yn gweithredu yn ddirgelwch, maen nhw'n dechrau taflu goleuni ar y ffordd y mae ein bydysawd yn gweithio. Y rhain hefyd sydd wrth wraidd yr holl ddatblygiadau digidol sy'n gweddnewid ein byd ar hyn o bryd.

Er mor ddirgel y byd isatomig, un peth sydd wedi ymddangos yw rôl hanfodol 'arsylwr' sy'n dylanwadu ar ddigwyddiadau mewn prosesau sydd fel arall yn digwydd ar hap a damwain. Yn ein byd ni, 'arsylwr' yw dyn.

Gwnewch y pethau bychain

– Dewi Sant

Yn yr un ffordd ag y mae gwendid yn rym, mae'r pethau bychain yn gallu bod yn drech ac yn bwysicach na chynlluniau mawr uchelgeisiol. Ar lefel ddiwydiannol, edrychwn eto at brofiad cwmni ceir Toyota a lwyddodd i werthu ei geir a'i enw da dros y byd ar sail ei obsesiwn yn datrys mân broblemau yn y man a'r lle fel yr oeddynt yn digwydd. Pan fyddai rhywbeth yn mynd o'i le ar linell gydosod y ceir, pa mor fach bynnag, yr oedd gan unrhyw weithiwr yr hawl i ganu cloch i dynnu sylw at y broblem.

Un o'r gwersi mawr o faes seicoleg yw'r ffordd y mae newidiadau bychain yn amgylchiadau person yn gallu cael dylanwad mawr ar ymddygiad yr unigolyn.

Ar un adeg, yn Unol Daleithiau America yr oedd rhyw 7,000 o bobl yn marw bob blwyddyn, nid oherwydd afiechyd, ond oherwydd llawysgrifen flêr meddygon.

Ym maes llawfeddygaeth, yr oedd llawer o bobl yn cael eu lladd yn ddamweiniol oherwydd camgymeriadau dan anaesthetig. O archwilio'r sefyllfa, canfuwyd bod dau fath o beiriant yn cael eu defnyddio. Ar y naill yr oedd llif y nwy yn cael ei ddiffodd o droi bwlyn i'r dde, ar y llall roedd rhaid troi'r bwlyn i'r chwith. Unwaith yr unionwyd y sefyllfa fel bod y ddau yn gweithio yn yr un ffordd, bu gostyngiad sylweddol yn nifer y cleifion a fu farw.

Ym Mro Gŵyr, cafodd un meddyg ei erlid yn ddidrugaredd a chael ei gyhuddo o fod yn 'paedo' oherwydd bod grŵp o bobl leol wedi cymysgu'r gair 'paediatric', sef meddyg yn arbenigo mewn trin plant, â 'paedophile'.

Yn y byd sydd ohoni yr ydym wedi ceisio adnabod problem a phenderfynu sut i'w datrys drwy greu sefydliadau a chyfundrefnau mawr a grymus – 'Y Cenhedloedd Unedig' i ymateb i drychinebau a rhyfeloedd byd-eang neu gyfuniadau economaidd fel 'yr Undeb Ewropeaidd'. Ar lefel Brydeinig, crëwyd sefydliadau i sicrhau Diogelwch – yr heddlu a'r lluoedd arfog, gwasanaethau Iechyd, Gofal, Addysg, Cyfraith a chyfundrefnau Crefyddol, a llywodraethau democrataidd i reoli'r cyfan yn lleol, yn genedlaethol ac yn Brydeinig.

A'r hyn a welwn yw sefydliadau sydd wedi ymwahanu, sy'n ymfalchïo yn eu hannibyniaeth ac yn brwydro â'i gilydd am fwy a mwy o adnoddau i barhau a datblygu dulliau gweithredu *nad ydynt wedi gweithio yn y gorffennol*.

Defnyddir yr un dull i ddringo'r mynydd ag i deithio mil o filltiroedd, sef cymryd un cam bach ar y tro gan sicrhau bod y camau yn symud ar i fyny/ymlaen, nid ar i lawr/am yn ôl.

Anarchiaeth

Os yw'r pen yn bwdr, trowch at y traed. Beth fyddai'n digwydd pe bai gwasanaethau yn ystyried tynnu ar brofiad y bobl mewn cymuned sy'n cyflwyno'r gwasanaethau i unigolion, a bod gofyn i reolwyr ystyried sut y mae gwasanaethau yn perthyn i'w gilydd ac yn medru cynorthwyo'i gilydd? A oes pethau bychain, ar lawr gwlad fel petai, a fyddai'n gwella pethau i dderbynnydd gwasanaeth? Pethau sy'n ymddangos yn ddibwys, ond o'u cyfuno dros amser, yn esblygu'n welliannau pwysig? Ymdrechu i gyfuno'r pethau bychain sy'n gweithio, yn hytrach na chwilio am gynllun mawr arall i arbed arian sy'n cael ei drefnu gan 'arbenigwyr' nad ydynt yn aml yn derbyn y gwasanaeth maen nhw'n ei 'wella'.

12

Crefydd a Gwyddoniaeth

Sylwadau Dr Noel A. Davies mewn erthygl yn trafod ymateb ffydd i wyddoniaeth gyfoes:

Wrth edrych yn ôl dros y ganrif ddiwethaf, gellir cynnig nifer o sylwadau am y berthynas rhwng Gwyddoniaeth a'r ffydd Gristnogol. Yn gyntaf, er bod llawer wedi bod yn feirniadol o wyddoniaeth am ei bod wedi cynnig esboniadau o'r byd naturiol sydd yn eu barn hwy yn groes i'w dealltwriaeth o'r ffydd Gristnogol, y mae'r mwyafrif o ddiwinyddion yng ngorllewin a gogledd y byd, sy'n meddwl am y materion hyn, wedi dod i ddeall fod Gwyddoniaeth a diwinyddiaeth yn gyflenwol yn hytrach nag yn gwrthdaro â'i gilydd. Y mae diwinyddiaeth yn holi 'Pam?' (h.y. yn holi am ystyr yr hyn sydd yn bod) tra bod Gwyddoniaeth yn holi 'Sut?' (h.y. beth oedd y broses y tu cefn i'r hyn sydd yn bod). Cyfrannodd hyn at gyfannu a chymodi mewn perthynas â chwestiynau sydd wedi achosi rhaniadau dwfn a phoenus yn y gorffennol. Ond y mae'r tyndra'n dal, wrth gwrs, rhwng y sawl sydd am lynu wrth y safbwynt traddodiadol a'r sawl nad ydynt yn gweld Gwyddoniaeth fel bygythiad i hanfodion y ffydd. Dyma pam y bydd yn hanfodol yn ystod yr unfed ganrif ar hugain fod y deialog rhwng ffydd a Gwyddoniaeth yn parhau mewn modd sydd mor agored ac adeiladol â phosibl. Ni all Cristnogion na gwyddonwyr fyw mewn bydoedd caeedig.

Mae pob peth yn debyg i rywbeth; i beth mae hwn yn debyg?

Ym maes Gwyddoniaeth, wrth geisio adnabod ac ynysu'r elfennau a gynhwysir mewn damcaniaeth arbennig, rhaid medru ffocysu ar un set o bethau, er bod llawer iawn o bethau eraill yn digwydd o'u cwmpas yr un pryd.

Un ffordd o wneud hyn yw trwy greu model sy'n cynnwys dim ond y darnau allweddol. Enghraifft o hyn yw model traddodiadol yr atom yn cynnwys cnewyllyn ag electronau yn cylchdroi o'i gwmpas.

Erbyn hyn, yr ydym yn gwybod nad yw'r atom ddim byd tebyg i'r model, ond mae'n dal i gyflwyno gwybodaeth sylfaenol ynglŷn â natur atom. Felly hefyd fodel Newton o'r bydysawd mecanyddol sy'n dal i fod yn ddefnyddiol er nad yw ddim byd tebyg i'r darlun a gyflwynir gan Theorïau Perthnasolrwydd Einstein.

Mae natur yn annisgwyl. Yn aml, canlyniad ceisio profi dilysrwydd damcaniaeth yw darganfod nad yw'r ddamcaniaeth yr hyn a ddisgwyliwyd.

Ffordd syml i gynrychioli system gymhleth yw model, sy'n galluogi defnyddiwr i ddod i ddealltwriaeth lawnach o rai agweddau arni.

Os trown ni at ein daearen ni fel enghraifft. Nid yw na map mewn llyfr na llywiwr lloeren mewn car yn ymddangos yn ddim byd tebyg i'n planed gron ni sy'n troelli fil o filltiroedd yr awr mewn gwagle. Ond mae'r map a'r llywiwr yn cynnig model dealladwy sydd yn ein galluogi i gyrraedd pen ein taith yn ddiogel.

Un: Mae pob peth yn Un

Sylw'r cyfrinydd yw:

> Mae pob peth yn bod.
> Does dim byd yn peidio bod,
> Dim ond ei ffurf sy'n newid.

Sylw'r gwyddonydd yw: $E = mc^2$

> 'E' yw egni
> 'm' yw màs (sef mesur o faint 'mater')
> 'c' yw buanedd goleuni.

Mae'n hafaliad sy'n dynodi'r berthynas rhwng 'mater', y mae popeth yn y bydysawd wedi'i wneud ohono (gan gynnwys ein deunydd crai ni), ac 'egni'.

Yn ein hachos ni a'n Daear mae 'egni' yn gyfystyr ag egni'r Haul.

Nid atomau yw gronynnau sylfaenol mater ond 'E' egni, ac y mae holl fater ein byd ni, gan ein cynnwys ni ein hunain, yn deillio o egni'r Haul.

> Blawd sêr ydym ni bob un.

Drysedd a threfn

O ran yr hyn y gellir ei fesur ac y gellir ei gwmpasu o fewn cwmpawd ein dealltwriaeth o'r Deddfau Gwyddonol, yr hyn a welir yw 'Trefn' y bydysawd. Ond beth sy'n dod yn fwyfwy clir yw ein bod yn byw mewn bydysawd sy'n anhraethol astrus a chymhleth a bod cysylltiad agos ac annisgwyl rhwng agweddau gwahanol cymhlethdod y bydysawd, a hynny mewn undod rhyngweithiol a rhwydweithiol sy'n cyfannu'r cyfan ac sydd lawer iawn mwy cymhleth na 'Threfn'.

'Darlunnir y cywreinrwydd dihafal yma fel curiad adenydd iâr fach yr haf yn un rhan o'r byd yn achosi tymhestloedd mawrion mewn rhan arall o'r byd.' (**Cristnogaeth a Gwyddoniaeth**, t. 38)

Y graig

Pan edrychwn ar graig, yr ydym yn gweld rhywbeth cadarn, di-syfl. Mae'n edrych fel petai wedi bod yna erioed ac y bydd yn parhau yna am byth.

Eto, yr ydym yn gwybod ei bod wedi cael ei ffurfio rywbryd ac yr ydym yn gwybod bod y tywod a'r pridd dan ein traed wedi bod yn greigiau tebyg unwaith.

Er mor galed a di-syfl y graig, yr ydym hefyd yn gwybod ei bod wedi'i llunio o atomau, a ffurf ar egni symudol yw atom.

Mae ein cysyniad o 'graig' yn seiliedig ar ein persbectif ni fel bodau dynol (yr hyn yr ydym yn gallu ei weld, a'n profiad ni fel meidrolion sy'n bodoli mewn man arbennig am gyfnod, byr iawn, o amser) – a chymaint ag y mae hyn yn caniatáu i ni ei ddirnad.

Fel llawer iawn o'n canfyddiadau traddodiadol, yr ydym yn sylweddoli fwyfwy bod y persbectif arbennig sydd gennym yn ein harwain at gasgliadau pur anghywir am natur 'craig'.

Mae popeth yn ein bydysawd ni wedi ei wneud o atomau. Beth yw atomau yw pecynnau o wahanol fathau o egni. Pan fydd yr egni ar lefel isel iawn, ceir creigiau a gwrthrychau solet; ar lefel uwch, ceir pethau byw; ar lefel uwch eto ceir tonnau a phelydredd a grymoedd – trydan, gwres, ac ati. Ar lefel uwch eto ceir y priodoleddau yr ydym ni yn eu hadnabod fel meddwl, dychymyg, enaid ac ati. I rai, mae'r holl egni yn y bydysawd yn deillio o ffynhonnell sydd y tu hwnt i'n dirnadaeth a'n dychymyg ond eto sydd ynom ni a phob egni arall.

Damcaniaeth Gaia

Dyma ffordd arall o ystyried 'craig'. Mae'r ddamcaniaeth hon a luniwyd gan James Lovelock yn seiliedig ar y ffaith mai'r Ddaear yw'r unig fan y gwyddys amdano yn ein bydysawd sy'n cynnal bywyd deallusol.

> Ystyrir y Ddaear yn un system dra chymhleth lle mae organebau yn cydadweithio â'u hamgylchedd anorganig mewn system hunangynhaliol sy'n diogelu'r amodau angenrheidiol i gynnal bywyd ar y Ddaear.

Un peth a fyddai'n cysylltu'r ddwy agwedd yma yw'r cysyniad o 'ymwybyddiaeth y bydysawd' sef bod ymwybyddiaeth yn rhan hanfodol o'n bydysawd, yn bodoli ochr yn ochr â mater, gofod-amser, màs, ac ati fel priodwedd sylfaenol nad yw'n gallu cael ei hegluro gan unrhyw briodweddau symlach. (Gw. t. 24)

Ouroboros – tu hwnt i hap a damwain

Hen, hen symbol yw hwn sy'n dangos neidr yn llyncu ei chynffon a thrwy hynny yn marw ac yn atgyfodi mewn un broses.

Dyma'r symbol a ddefnyddir gan yr Astronomydd Brenhinol Syr Martin Rees, gwyddonydd uchel ei barch, i ddangos y berthynas rhwng y pethau lleiaf yr ydym yn eu hadnabod yn y bydysawd a'r pethau mwyaf yn ein bydysawd yr ydym yn gallu eu hadnabod. Er mwyn caniatáu bodolaeth y bodau dynol ar waelod y cylch, mae'r cydbwysedd rhyngddynt yn gorfod bod yn gyfewin o fanwl.

Mae bodolaeth yr union fesuriadau hyn a'r berthynas

rhyngddynt y tu hwnt i na hap, na damwain, na chyd-ddigwyddiad.

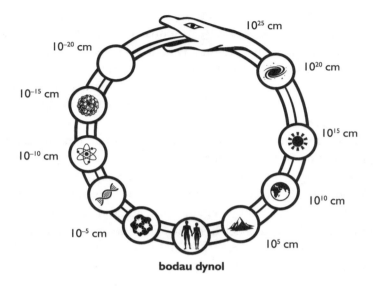

10^{25} cm

10^{-20} cm

10^{20} cm

10^{-15} cm

10^{15} cm

10^{-10} cm

10^{10} cm

10^{-5} cm

10^{5} cm

bodau dynol

Dyma chwech ohonynt:

1. Ω (omega) = 1, maint y mater sydd yn y bydysawd: pe bai Ω yn fwy nag 1, byddai wedi hen chwalu a phe bai'n llai nag 1 ni fyddai galaethau wedi ffurfio.

2. ε (epsilon) = .007, pa mor gadarn yw rhwymiad niwclysau atomig. Pe bai ε yn .006 neu yn .008 ni fyddai mater yn gallu bodoli yn ei ffurf bresennol.

3. D = 3, dyma nifer y dimensiynau: pe bai D yn 2 neu yn 4 ni allai bywyd fodoli.

4. N = 1039, cymhareb cryfder electromagnetedd mewn perthynas â disgyrchiant. Pe bai ychydig llai o seroau byddai'r bydysawd yn rhy ifanc ac yn rhy fach i fywyd fedru esblygu.

5. Q = 1/100,000, ffabrig y bydysawd. Pe bai Q yn llai ni fyddai ganddo unrhyw nodweddion a phe bai Q yn fwy ni cheid ond tyllau duon anferthol.

6. λ (lamda) = 0.7, y cysonyn cosmolegol, neu'r grym gwrth-ddisgyrchiant sy'n achosi i'r bydysawd ymledu ar raddfa sy'n cyflymu. Pe bai λ yn fwy byddai wedi llesteirio'r sêr a'r galaethau rhag ffurfio.

Casgliad (rhai) gwyddonwyr cyfoes yw bod y bydysawd wedi dod i fodolaeth er mwyn cynnal bywyd deallus, sef bywyd dynol.

A oes bywyd deallus yn bodoli heblaw amdanom ni yn ein galaeth, 'Y Llwybr Llaethog'?

Mae cannoedd o filiynau o systemau seryddol o fewn 'Y Llwybr Llaethog' sydd ei hun cyn hyned â'r bydysawd. A bod bywyd deallus ar gael yn ein galaeth, gellid disgwyl y byddai enghreifftiau sydd lawer hŷn a mwy datblygedig na'n bywyd ni ar y Ddaear. O dderbyn y byddai bywyd deallus datblygedig yn deall mwy am ein galaeth na ni – ble maen nhw?

Dyma *Baradocs Fermi*, cwestiwn arwynebol o syml a ofynnwyd gan un o wyddonwyr mawr yr ugeinfed ganrif.

Dau: Yin a Yang

Un o ddarganfyddiadau mawr Gwyddoniaeth yw nad yw unrhyw fater yn bodoli heb fod ei wrthwyneb yn bodoli hefyd.

Ni ellir gwybod beth yw rhywbeth heb wybod beth nad ydyw.

Ni ellir gwybod 'tal' heb brofi 'byr'.

Ni ellir gwybod beth yw bod yn hapus heb brofi tristwch.

Ni allwn wybod daioni heb brofi drygioni.

Heb y profiad, geiriau yn unig yw'r wybodaeth.

(Gw. hefyd **Yr hyn *nad* yw Duw**, t. 139)

Yng nghrefydd ac athroniaeth China dyma'r ddwy egwyddor sylfaenol, un yn negyddol, yn dywyll ac yn fenywaidd (yin) a'r llall yn bositif, yn llachar, ac yn wrywaidd (yang) a'r gydberthynas a'r cydbwysedd rhwng y ddwy egwyddor sy'n sicrhau bodolaeth y bydysawd.

Ac ni fai nef yn nef yn wir
Pe nef ond dydd o olau hir

– John Dyfnallt Owen

Tri

Yr ydym yn byw mewn byd o dri dimensiwn. Ym myd yr aruchel, fel y neidr *ouroboros*, mae tri dimensiwn yn troi'n gylch cyfannu di-dor.

Gorffennol, Presennol a Dyfodol sy'n digwydd yr un pryd
Corff, Meddwl, Einioes
Uwchymwybod, Ymwybod, Isymwybod
Meddwl, Gair, Gweithred
Cyn, Nawr, Wedyn
Proton (positif) Electron (negatif) Niwtron (niwtral)
Yma, Acw a'r gofod rhyngddynt

Ydwyf yr hyn ydwyf
Ydwyf yr hyn nad ydwyf
A'r gofod rhwng y ddau.

Amrywfydysawd (*multiverse*)

Os oes nod a phwrpas i'n rhan ni o'n bydysawd, y mae Gwyddoniaeth gyfoes yn ystyried y gall fod nifer annherfynol o fydysawdau lle y mae pob peth sy'n bosibl yn ein bydysawd ni i gyd yn digwydd ar yr un pryd, ac ar ben hynny, fydysawdau eraill nad ydynt yn cydymffurfio â'r hyn sy'n digwydd yn ein bydysawd ni. A bod y rhain yn cael eu creu yn barhaus.

Yr ydym yn ôl gyda datganiad Socrates:

> Gwir ddoethineb yw sylweddoli cyn lleied a wyddom am fywyd, amdanom ein hunain ac am y byd o'n cwmpas.

13

Crefydd

Y tu mewn i ddirgel ffyrdd y meddwl, mae gennym ymwybyddiaeth o bresenoldeb sydd y tu hwnt i'n dirnadaeth ni.

Er nad oes gennym syniad beth ydyw, mae gan ddynion o bob cenedl a phob oes air am y 'Bod Mawr' sy'n gwestiwn ac yn ateb.

Duw

Dao (China)

Allah (Islam)

Brahman (Hindŵaeth)

Nirvana (Bwdhaeth)

y Gair (Cristnogaeth)

'y Glec Fawr' – diwrnod heb ddoe
(Gwyddoniaeth yr ugeinfed ganrif)

'yr Egwyddor Anthropig'
(Gwyddoniaeth yr unfed ganrif ar hugain).

Pwy yw'r 'i' yn 'fi'?

Ym more oes, yr oedd y Creawdwr yn dymuno cuddio un peth o olwg dynion nes eu bod yn barod i'w weld. Gofynnodd i greaduriaid y byd am eu cyngor.

Dywedodd yr eryr, 'af i ag ef i ben mynydd ucha'r byd.'

Ond dywedodd y Creawdwr, 'na, byddant yn dysgu dringo'r mynyddoedd.'

Dywedodd yr eog, 'af i ag ef i ddyfnderoedd y môr.'

Ond dywedodd y Creawdwr, 'na, bydd dynion yn treiddio i'r dyfnderoedd ryw ddydd.'

Dywedodd y byfflo, 'gwnaf i ei guddio yng nghanol y peithdir maith.' Ond 'na,' meddai'r Creawdwr, 'byddant yn rhwygo'r ddaear a'i ddarganfod.'

A doedd neb yn gwybod beth i'w ddweud nes i'r wahadden ddall gynnig, 'Pam na roddwch e y tu mewn iddynt – dyna'r lle olaf y byddan nhw'n edrych.'

A dyna a wnaeth.

Gwyn eu byd yr addfwyn rai…
Sy'n chwilio am y canol llonydd distaw
sy ynof fy hun ac ynghanol pob dim,
chwilio am y gwacter mawr a hyfryd
ynom ni i gyd yn llonydd fel llyn.

– Steve Eaves

Ni ellir disgrifio mewn geiriau y llais mewnol sy'n galw arnom. Ond weithiau yr ydym yn teimlo ein bod wedi cael ein hysgogi i wneud rhywbeth penodol. Adnabyddais i'r llais yma pan ddechreuais weddïo yn rheolaidd.

– Mahatma Gandhi

Yn yr un ffordd nad yw cannwyll yn gallu llosgi heb dân, nid yw dyn yn gallu byw heb fywyd ysbrydol.

– Bwdha

Mae'r profiad ambell waith yn fwy
na lled y tafod sy'n llefaru gair,
mae'r llun yn fwy na'r lliw,
y môr yn ddyfnach nag yw'r llinyn byr,
mae'r alaw'n felysach na'r llais.
Ond er bod y gwaelod o'r golwg,
mae cryndod ar wyneb y dŵr.

– Dafydd Rowlands

Lladd duw

Mae gan ddilynwyr Bwdha rybudd ysgytwol:

Os gwelwch chi Bwdha wrth ochr y ffordd, lladdwch ef!

Hynny yw, 'Os gwelwch chi "Dduw" ar ochr yr heol, lladdwch ef.' Y mae unrhyw 'Dduw' yr wyf fi yn ei adnabod yn y byd yma yn dduw yr wyf fi wedi'i greu yn fy meddwl bach i. Ac y mae ystyried bod meddwl dyn yn gallu amgyffred, deall neu adnabod Duw yn gwbl, gwbl wallgof ac anghywir.

Rhai o'r geiriau a ddefnyddir i geisio disgrifio yr hyn sydd mewn gwirionedd yn annisgrifiadwy yw:

ysbryd annherfynol, anfesuradwy, annirnad

O ddechrau gyda'r geiriau yma, un ffordd o symud ymlaen yw dechrau ystyried o leiaf:

Yr hyn *nad* yw Duw

1. Nid Duw yw fy ymennydd.
   Nid Duw yw fy meddyliau, fy nheimladau na'm cof.
   Nid Duw sy'n symud fy mreichiau na'm coesau na chwaith holl weithredoedd fy nghorff sy'n digwydd yn ddiarwybod

i mi. Sut felly y gellir rhoi'r cyfrifoldeb ar Dduw am weithredoedd dynol.

2. Does gan Dduw ddim teimladau.
Dynion sy'n profi cariad a chasineb, llawenydd a siom, dicter a gorfoledd, eiddigedd a thrugaredd. Dynion sy'n tadogi ar Dduw eu teimladau eu hunain, ac yn cyhoeddi fel gwirionedd sut y byddai'r teimladau hyn yn cael eu mynegi gan Fod hollalluog.

3. Does gan Dduw ddim moesoldeb.
Dynion sydd wedi dyfeisio cyfundrefnau o gyfiawnder a chosb a systemau o foesoldeb, i gadw trefn ar gymdeithas. Dynion eto sy'n tadogi ar Dduw eu syniadau nhw o beth yw daioni a drygioni ac yn sgil hynny yn datblygu cyfundrefn 'ddwyfol' o wobr a chosb.

4. Does gan Dduw ddim crefydd.
Dynion sy'n creu crefydd ar sail eu dehongliad nhw o'r hyn a ddysgwyd gan arweinwyr goleuedig.

Nid oedd Iesu Grist yn Gristion
Nid oedd Bwdha yn Fwdhydd
Nid oedd Muhammad yn Fwslim.

Dilynwyr Iesu Grist sydd wedi creu Cristnogaeth
Dilynwyr Bwdha sydd wedi creu Bwdhaeth
Dilynwyr Muhammad sydd wedi creu Islam.

Cariad

Mae 'Cariad' yn cael ei gydnabod yn gynneddf bositif rymus, y fwyaf grymus i gyd efallai.

Os dywedir 'Duw Cariad yw', mae'n anodd iawn meddwl am gariad annherfynol sy'n cwmpasu pawb a phopeth. Y canlyniad yw meddwl am gariad yn nhermau adnabyddiaeth dyn o gariad. 'Cariad Mam' yw'r cariad mwyaf adnabyddus, ond y broblem gyda 'chariad Mam' yw ei fod yn gariad amodol. Mae'n gariad sy'n gallu cael ei dynnu yn ôl. Ac y mae'r bygythiad o dynnu'r cariad yma yn ôl yn ffordd gyffredin iawn o gadw trefn ar blentyn a chael y plentyn hwnnw i ufuddhau i'w fam.

Cam naturiol yw meddwl am Gariad Duw yn yr un ffordd. (Gw. **Cariad**, t. 50)

Cosb

Ond o gofio bod Cariad Duw gymaint yn fwy na chariad mam, mae canlyniadau tynnu'r Cariad hwnnw yn ôl yn mynd i fod yn llawer iawn mwy difrifol hefyd.

Os yw'r 'Cariad' yn dragwyddol, y tebyg yw bod yna 'gosb' dragwyddol hefyd a thros y milenia does dim prinder o broffwydi, pabau, esgobion, offeiriaid, diwinyddion a gweinidogion wedi bod wrthi yn dadansoddi ym mha ffordd y gellir colli cariad Duw a hyd yn oed yn fwy pwysig beth yw'r **gosb** sy'n dilyn.

Dameg yr eliffant

Yr oedd ysgol o athronwyr dall yn yr India. Byddent yn cerdded yn y goedwig ac yn trafod cwestiynau mawr bywyd. Un dydd fe gerddodd y rhai ar y blaen i mewn i eliffant. 'Dewch yma bawb' oedd y floedd, 'yr ydym wedi darganfod rhywbeth rhyfedd iawn, a dydyn ni ddim yn gwybod beth ydyw.' Yr oedd rhai o'r grŵp a oedd wedi bwrw i mewn i goesau'r eliffant yn cyhoeddi mai coeden o ryw fath oedd e. Yr oedd eraill wedi ffeindio'r trwnc, 'neidr o ryw fath yw hwn,' medden nhw, ac yr oedd grŵp arall wedi dod o hyd i'r clustiau, 'o na, rhyw fath o blanhigyn gyda dail mawr ydyw,' medden nhw. A dyna ble y buon nhw'n dadlau gyda'i gilydd, pob un yn hollol argyhoeddedig mai'r hyn yr oedden nhw wedi'i brofi oedd y gwirionedd.

Crefydd

Os dy dduw di yw 'Brenin y Brenhinoedd', 'Arglwydd yr Arglwyddi' sydd yn teyrnasu dros Nef a Daear, onid naturiol, yn ein meddyliau bach dynol, fyddai i gynrychiolwyr y duw hwnnw ar y Ddaear deyrnasu mewn ffordd addas gyda theyrn yn ben â gweision o bob gradd yn byw mewn palasau sy'n deilwng o'u pwysigrwydd a'u rhan mewn llywodraethu gwledydd?

Neu pe baet ti'n byw mewn gwlad sych a chras ac anial, tybed beth fyddai dehongliad dyn o 'Baradwys' nefol?

'Gwerddon, â dyfroedd croyw, gwlad yn llifo â llaeth a mêl, a ffigys a grawnwin a ffrwythau, a'r cyfan yn cael eu gweini gan forynion lu?'

Deuthum i'r casgliad bod gan bob crefydd y gwirionedd ond bod pob crefydd yn ddiffygiol hefyd. Tra 'mod i'n arddel fy nghrefydd fy hun, dylwn dderbyn crefyddau eraill â'r un cynhesrwydd â Hindŵaeth. Fel Hindŵiaid, ni ddylem weddïo bod Cristion yn troi'n Hindŵ, ond bod Hindŵ yn dod yn well Hindŵ, Mwslim yn well Mwslim a Christion yn well Cristion.

– Mahatma Gandhi

[nid] endid diffiniadwy
Ydyw yr Ydwyf sy'n rhan o bob bod.
– Gwyn Thomas

Paham y mae 'rhywbeth' yn lle dim byd?
Oherwydd 'Fy Mod I'.

Paham 'wyf Fi'?
Er mwyn creu rhywbeth na fyddai oni bai amdanaf Fi.

Beth yw hynny?
Yr hyn sy'n dda gennyf Fi.

Sut?
gam – wrth – gam.

Cofiwn!
Mae pob peth yn bod.
Does dim byd yn peidio bod,
Dim ond ei ffurf sy'n newid.

Mynegai

Hefyd o'r Lolfa:

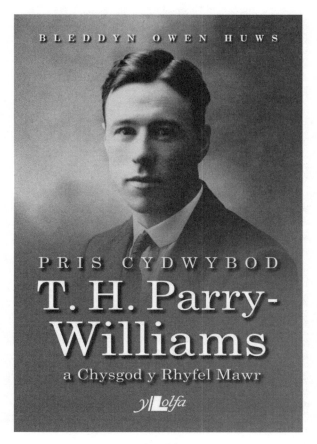

£14.99

AR

DRYWYDD

LLOFRUDD

'Llais newydd hyderus ym myd sgrifennu ditectif Cymraeg.'
JON GOWER

ALUN DAVIES

y Lolfa

£8.99

'Fy hoff nofel eto gan Llwyd Owen. Dychrynllyd, real, gwych.'
MANON STEFFAN ROS

PYRTH UFFERN

LLWYD OWEN

y Lolfa

£9.99

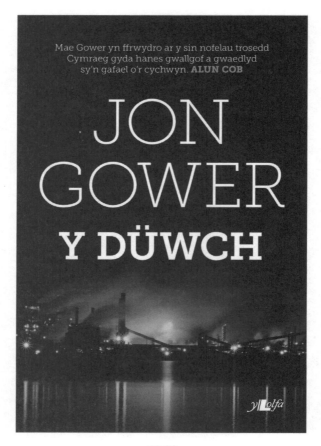

Mae Gower yn ffrwydro ar y sîn nofelau trosedd
Cymraeg gyda hanes gwallgof a gwaedlyd
sy'n gafael o'r cychwyn. **ALUN COB**

JON
GOWER

Y DÜWCH

£8.99

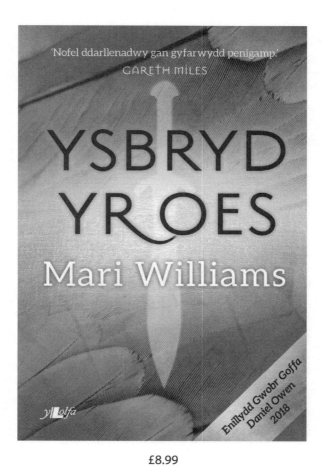

'Nofel ddarllenadwy gan gyfarwydd penigamp.'
GARETH MILES

YSBRYD YR OES

Mari Williams

Enillydd Gwobr Goffa
Daniel Owen
2018

yLolfa

£8.99

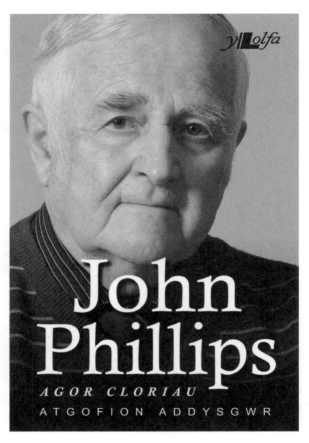

John
Phillips

AGOR CLORIAU

ATGOFION ADDYSGWR

yLolfa

£9.99

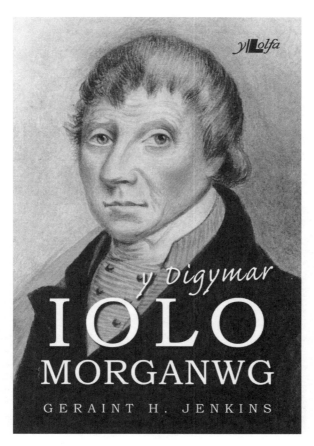

£14.99